JN044643

税歴60年の教え

傍流の正論

品川芳宣　著

一般財団法人　大蔵財務協会

はしがき

何人かの勉強仲間たちから、「先生は、ぜひ自伝を書いて、先生の考え方を後輩たちに残してほしい」旨のありがたいお言葉を頂戴してきた。そのときには、聞き流してきたが、「税歴60年」を迎えるに当たって、何かを書き残しておきたい気持ちにもなってきた。かと言って、そのために、メモ一つ取ってきたわけではなく、頼りになるのは、それぞれの勤務場所で何が起こり、何を考えてきたかという、記憶しか残されていなかった。そうであれば、その記憶が消えないうちに、活字に残しておきたいと思い、まず、当時勤務していた野村資産承継研究所の出版関係でお世話になっている大蔵財務協会の担当の方に相談してみた。

その担当の方からは、二つ返事で、「『税のしるべ』でコラム風の連載にされたらいかがでしょうか」というありがたいご返事を頂いた。それで始まったのが、「傍流の正論」であり、約1年半連載させていただいた。そして、この連載を補筆して単行本として出版することについては、当初、自費出版を考えていたが、多くの読者の方から市販版を出してほしい旨のありがたいご意見をいただいていたので、今回も大蔵財務協会の方のご好意に甘えて、このような形で出版させていただいた。いわば、この本は、皆さま方のご厚意ある後押しによって出版できたようなものである。そのことに、まず、心からお礼申し上げたいと思っている。

内容的には、税歴60余年の経験の中で、それぞれの勤め先と時の流れの中で、税金について考えてきたこと、実践してきたことを率直に述べることとした。何より、「税金」それ自体について種々の考え方があるから、私の「正論」に賛意を表していただける方もいるであろうし、反発される方も多いことと思われる。その意味では、本書は、税金に関与されている皆さまの議論の「叩き台」にしていただければ大変ありがたいことだと思っている。

令和5年9月吉日

品川　芳宣

目次

目次

目　次

目次

少年の頃

1　正論とは

産経新聞社が発行する月刊誌『正論』がある。その誌面では、主として、「憂国の士」が国のあり方等について「正論」を説いており、時には、他の論説を批判している。他方、批判される側は、自説こそ「正論」であると反論することになろう。ということは、「正論」とは、相対的であり、絶対的とは言えないことになる。

他方、租税（論）についても、同じようなことが言える。税制のあり方にせよ、税法の解釈にしても、絶対的「正論」があるとは限らない。例えば、所得税と消費税はいずれが公平であるかを考えた場合、税負担能力の公平性から前者であると考える人もいるであろうし、消費量に応じた平等性と捕捉の容易性から後者であると考える人もいろう。また、税法の解釈についても、一応、「通説」と称されるものはあるが、その「通説」も変更され、少数派が正しかったことが証明されることもある。

さらに、令和3年度及び令和4年度の税制改正大綱において、主として、富の再分配と格差是正の見地から、相続税と贈与税の「中立的税制」すなわち相続税の課税強化の必要性が提言されている。そして、その一部が令和5年度の税制改正で実現した。しかし、我が国の相続税は、すでに、世界的にも重税であると言われ、最も社会主義的な税制であると言われる。また、このような富に対する課税のあり方は、論じる人の人生観なり価値観が反映される場合が多い。そうなると、そのような税制のあり方は、主観的に論じられる場合が多く、資産税を強化することが必ずしも「正論」であるとは限らない。

ともあれ、租税というものは、人の社会生活（国、地方団体）を維持するために、一定の利得を得た人がその一部を社会に提供する（徴収される）ものであるから、それを提供する者とそれによって利得を得る者との利害関係が相反するものである。そして、その利害調整は、国民によって選出された政治家の「政治」判断に委ねざるを得ないものである。そうなると、租税のあり方にそもそも絶対的「正論」は存在しないのかもしれない。しかし、その政治的判断の指針となるものが必要となるので、その指針のための研究が必要になるが、そのことは、税法の解釈についても同じようなことが言える。

ところで、私自身、このような税金のあり方をつらつら考えて、60年余の月日を過ごしてきた。しかも、最初の30年余は「税金を取る」側の国税庁で、次の20年は「税金のあり方を考える」大学で、そして、その次は、「税金を取られる」側の民間会社の研究所と税理士法人で、それぞれの立場で租税のあり方を考えさせられてきた。このように、それぞれの立場で、それらの仕事を通じて、租税のあり方を考えられたことは、貴重な体験であったと考えている。

しかも、国税庁では、いわゆるノンキャリで採用された後にキャリア組に採用換えとなり、大学では、いわゆる「実務家教官」として教鞭をとり、民間会社では、いわば経営者の真似事をするというように、それぞれ組織の中で「傍流」の道を歩むことになった。しかし、そのような傍流にいた（いる）からこそ、脇から眺めるという点で、より真実に近い「正論」が見えるのかもしれない。この場合、前述したように、租税のあり方等は、論じる人の人生観なり価値観が反映される場合が多いことを考えると、傍流の立場こそ、多様な価値観等を理解することに役立つのかもしれない。

もっとも、そのような人生観なり価値観は、それぞれの経験によって培われるものであろうから、その経験が異なることによって、その人生観なり価値観が変化することになり、今まで「正論」と考えていたことが変わるかもしれない。それを「変節」と言うのか、「成長」と言うのか、それぞれの状況によって一概に言えないものと考えられる。また、そのような人生観によって培われてきた「正論」も変わることもあり得る。その意味でも、「正論」は、相対的であり、かつ、流動的であるとも言える。

いずれにしても、租税についての「正論」を語るに当たって、私自身、どのような人生を歩んできたかを最初に明らかにしておく必要がある。

2　天の邪鬼

私は、昭和16年9月、満州鞍山市で生まれた。その後、昭和20年8月の終戦を経て、昭和21年9月、両親の郷里である新潟県の片田舎に引っ越してきた。その引揚げ自体が大きなドラマであったが、その後、藤原てい作『流れる星は生きている』を読み、藤原家の満州からの引揚げの苦闘と幼い時の記憶を重ねながら共感したことがある。

引揚げ当時、我が家は、父母と姉2人、弟1人（翌昭和22年に末の弟が誕生）の6人家族であった。その引揚げの苦難について、両親から、「お前たちを無事に日本に連れて来られたのが人生にとって最大の仕事であった」とよく聞かされた。

父は終戦直前に赤紙が来ていて、1週間終戦が遅れていたら、おそらくシベリアの地に眠ることになったものと考えられる。幸い父は、命拾いしたものの、40代半ばになって初めて百姓仕事をすることとなり、冬はほかの人が出稼ぎに行く中、農協に出荷された牛乳や卵を約12キロ離れた駅にそりで運ぶ仕事をすることになった。それぞれの仕事に、父母も必死であったが、2人とも慣れない仕事のため、子供たちの手足を頼りにせざるを得ない状況にあった。

長男である私は、小学1、2年生の頃から、田植え、稲刈り、草取り、芋ほり、薪運び、そりの後押し等々のあらゆる仕事を手伝わされた。小学生の頃、「『こどもの日』ぐらい遊ばせて」と文句を言ったが、それも無視された。家で勉強する時間など全くなかったので、宿題は学校の休み時間に済ませていたが、学校の成績だけは良かった。村人から、「昭和の二宮金次郎」と言われたこともあったが、身の不遇を嘆きながら、心も荒み、ひねくれた反抗的な少年であった。そのため、学校の先生からは、「芳宣は勉強ができても、態度は良くない」といつも叱られていた。

このような反抗心は、中学生になると一層強くなり、自ら「天の邪鬼」と名乗るようになった。その後、中学卒業後30年の同期会の時（私は出席できなかったが）、出席された1年の時の担任のA先生が、私がいないのを知り、幹事に対し「芳宣はどうした。ひねくれたまま荒んだ生活をしているのか、もしかして、一念発起して立派に成長したのか」と聞いたそうである。その幹事が、「芳宣君は国税庁の偉い人になって同期生の出世頭です」と話したらしく、その先生は大層嬉しそうであったと伝えてくれた。その幹事は、同期生が１６２人もいるのに君のことしか気にかけていなかったようであったと、不満そうに伝えてくれたが、それだけ、私が問題児であり、将来が心配であったことと思う。このように、師が教え子のことを思う心は、私自身、自分が教壇に立つ身になった時に実感することとなった。

そのような少年時代を過した一つの転機は、中学を卒業する時であった。当時、村では中学卒業と同時に大半が集団就職していた。私の同級生１６２人のうち、下宿しなければならない長岡などの普通の高校に進学できたのは、僅かに５人であった。その頃、姉が親しくしていた中学校の用務員から、「芳宣はあんなに勉強ができるのだから、長岡の高校に行かせないのか」と言われたという。その姉が我が家の窮状を嘆き、「あの時は、本当に切なかった」と述懐してくれたことがある。その姉が、私が定時制高校を卒業して、家を出るかどうか迷った時、「家のことは心配するな！　公務員になって勉強しなさい」と嫁ぎ先で立場が悪くなるにもかかわらず、強く一番励ましてくれた。

結局、私は、中学卒業後、家から自転車で通える柏崎農業高校小国分校へ進学することになった。週3～4日通学するという定時制高校であった。その入学試験では、定員40名に35人が受験し、試験終了後、合格発表の日時が告げられた時、皆失笑していた。その頃、私は、憲法上の「学問の自由」に準(なぞら)え、「学問の自由は、親の脛によって保障される」と嘆いていた。その分校に通い始めたものの、数学と英語も中学の復習程度で全体に学業レベルは極めて低く、通学することに絶望した。私は、両親に、学校は辞めて冬は出稼ぎに行くと言い張ったが、最後は「お前だけは高校を卒業してくれ」という母の涙に退学は断念した。しかし、私の心の荒みとひねくれは一層増し、天の邪鬼も本物になっていった。

3　働きながら学ぶ

このような高校生活に転機をもたらした出来事が2年生の時に二つ続いた。一つは、2年生の時に赴任してきたH先生である。極めて熱心な方で、他の先生が5分や10分授業に遅れることがあっても、その先生だけは、ベルが鳴ると即講義が始まり、終わりのベルが鳴っても講義が続いた。そんな先生に「消防自動車」という渾名を付け、冷ややかに眺めていた。

事件が起きたのは、その年の夏、学校の作業を数名ですっぽかしたことがあった。その翌日、日曜であったが、家畜の世話をする当番であったので、2日連続さぼるわけにもいかないと思い登校した。朝8時、校門の前で、その消防自動車が立っていた。そのまま教員室に連れていかれ、延々と説教が始まった。最初の1～2時間はふてくされて聞いており、ただ時間が過ぎるのを耐えていた。3時間過ぎると、自分のためにこんなにも熱心に叱ってくれる先生に何かありがたさを感じるようになった。次第に涙腺も緩み、涙が溢れた。他人からこんなにも思っていただけるという嬉し涙であった。そして、その説教は12時過ぎに終わり、私も深々と頭を下げ教員室を後にした。この先生の熱心な教えが、私が21年間大学院で2千数百回の講義をしたが、1度も休講、遅刻、早退をしなかった原動力となった。

もう一つの事件は、その年の9月に起きた。自分の力で、普通の高校に進学させてあげたいと思っていた末の弟が、稲刈りの多忙な時に、ろくに看病も受けず急逝した。その年の10月に村の共同火葬場ができることになっていたため、弟の火葬は最後の野焼きとなった。その火葬場では、家族の1人が骨になるまで薪をくべて、その骨を拾って帰ることになっていた。私は、その役目をすることになり、お昼前から夕方まで泣き続けながら薪をくべ、弟の骨を拾って帰ってきた。こんな悲しいことは、後にも先にも、経験したことはなかった。

このような二つの事件を境に、何事にも投げやりで反抗的であった私の心境にも少しずつ変化が生じた。まず、少しでも勉強してみようと思い、いずれ農家を継がざるを得ないと考えていたので、学校にあった農業関係の本を片っ端から読んだ。

英語の先生に頼んで、補習授業もしてもらい英語の何たるかを理解することができた。しかし、皮肉なことに、農業のことを必死に学んだが故に、我が家の耕地面積では専業農業は成り立たず、出稼ぎから抜け出せないことを知らされた。

そのため、当時、農家の長男が家を出ることは考えられないことではあったが、親に内緒で就職のことを考え始めた。初めに、国家公務員初級試験（農業技術職）を受験し、トップで合格した。しかし、国鉄なども受験しようとしたが、定時制のために受験の機会さえ与えられることはなく、悔しい思いをした。定時制高校に対する社会の冷たさを思い知らされた。

そして、定時制高校の卒業式を迎えることになったが、入学時の35人の同級生が11人になっていた。この数の差が、この高校で学ぶことの問題と厳しさを語っていた。私は、答辞の中で、4年間で経験した、苦しみ、悩み、コンプレックス等々を切々に述べ、最後に、「私たちは、4年間、曲がりなりに『働きながら学ぶ』ことを実践してきた。このような高校生活の経験と成果を世間の人たちが簡単に評価してくれるとは思わないが、これから生涯『働きながら学ぶ』ことを実行した時に、この分校を卒業できてよかったかどうか結論が出ると思う」と述べた。私たちの脇に列席されていた先生方は、私の答辞を聞きながら全員目頭を押さえていた。その涙にはあの不良少年であった生徒が何とか成長してくれたという思いもあったであろうし、この生徒の覚悟がこれからの厳しい学歴社会の中で翻弄されるであろうことを憂いてくれていたように思われた。

あれから60余年、私は、卒業式の誓いを忘れることはなく実践してきたつもりである。その中で、「働くこと」それ自体に、新たに学ぶ材料が隠れていることも知った。それは「働くこと」と「学ぶこと」が車の両輪であることも知った。そして、今、あの「定時制高校」を卒業したことが、どんな有名な進学校を卒業するよりも自分にとって良かったのだと思えている。

4 「社会主義」に失望

かくして、昭和36年4月、私は、食糧庁新潟食糧事務所に勤務することとなり、農林技官として公務員生活をスタートさせた。入所後、間もなくして、愛知県豊川市にある食糧庁研修所で1月ほど研修を受けることになった。その研修では、主に、本庁の課長補佐クラスの方の講義を受けることになった。それらの講義を受けながら、自分が必死に勉強してきた農業のことに照らし、この人たちは、本当に農業の実態なり、将来の方向性が解っているのであろうかと、疑問に思った。当時の自分の考えでは、「食糧庁」という組織それ自体、戦時中又は戦後の食糧難に対処するためにできたはずなのに、本庁の幹部の人たちが将来の方向性をなぜ示さないのかと歯痒く思った。

結局、この研修に失望し、暗い気持で新潟に戻って来た。職場では、米、麦の買入れ業務を担当することとなり、ある程度算盤ができれば、それ程難しい仕事ではなかった。そして、入所後、すぐ、「全農林」という労働組合の加入届にサインさせられた。その組合は、当時、労働運動の激しいところで、いわゆる左翼系であった。私自身、貧しい家庭に育ち、地域的にも経済的に恵まれていなかったので、社会主義や共産主義に賛同し、子供の頃から、国政選挙で社会党が勝つと大喜びしていた。したがって、労働組合に入ることに何の抵抗もなかった。

しかし、役所に入って、いろいろな矛盾に気付くようになった。まず、役所では、大して働かなくても、給料を貰える人がいることを知らされた。そして、勤務時間中でも、「オルグ」と称して職場放棄する人も多かった。このような人たちを見ていると、自分の力だけで必死になって生活を守り続けてきた両親を初めて尊敬する気にもなった。この時、自分の力で身を立てるという「自由と自律」の厳しさと尊さを強く強く実感した。このことは、その後の「税金観」にも大きな影響を与えることとなった。

また、私の組合での役割は、新人であるが故に、１００円の日当を貰って、デモに参加することであった。その時のスローガンの一つに、「農民との共闘！」というのがあった。これにも、腹が立った。片や一日も休めず、汗水流して必死になって生計を立てている農民と、片や中には組織にぶら下がって生活している人たちが、「何が共闘か」と腹立たしくも思った。組合に入る前は、「働かざるもの喰うべからず」というスローガンに賛同し、社会主義や共産主義に憧れていたのにと思うと、その夢ははかなく消え去って行った。

　このような職場での現実とは別に、「働きながら学ぶ」の「学ぶ」の方法を考えた。当初、大学への道は、通信教育しかないと思い、かつ、「なぜ、自分の郷里は貧しいのか？　新潟県は〝裏日本〟と称され、太平洋側の表日本に比べてなぜ貧しいのか？」と考えていたので、経済学を専攻しようと思い、慶應大学経済学部を通信教育で履修することとした。しかし、卒業するには、毎年、6週間のスクーリングのため上京しなければならないことを知り、絶望した。他方、地元の新潟大学には、夜間の商業短期学部があり、そこに入れれば、4年制学部への編入の道があることを知り、その入学勉強に切り替えることにした。しかし、倍率が約3倍と知り、ろくな高校教育を受けていない自分にとって不安だらけであった。

他方、国家公務員初級試験税務職に合格すると、採用されれば、税務講習所で1年間勉強させてくれることも知った。「1年間給料貰って勉強できる」ということは、私にとって「願ったりかなったり」であった。そこで、大学の入学試験と公務員試験の再受験を二股掛けることにした。しかし、勉強方法は、全くの暗中模索であり、取りあえずは、中学の英語、数学から勉強し直すことにした。当時、伯父の家に下宿できたので、夜はラジオ講座を聞きながら文字通り夢中で勉強した。幸い、両方とも合格することができたので、税務職員を目指すこととし、新潟大学の方は、入学金と1月分の授業料を支払い、休学することとした。そして、食糧事務所を辞職し、私にとっての「あゝ上野駅」(井沢八郎)の生活がスタートした。

国税庁の頃

5　教官の教え

昭和37年3月30日、当時、千代田区代官町（乾門の前）にあった「国税庁税務講習所東京支所」の門をくぐった。翌日の身体検査を受け、4月1日から晴れて税務職員となり、「普通科22期生」の研修がスタートした。校舎は、近衛兵の兵舎を再利用したもので、寮生活は6畳に3人入居という窮屈な生活であったが、勉強は楽しかった。当時の普通科の研修では、1年間で短期大学以上のカリキュラムが組まれていると聞かされたが、初めて勉強に専念できる環境が与えられたことがありがたかった。

授業の充実とともに、外部の著名人による教養講話にも感動し考えさせられることが多かった。その中で、今でも記憶しているものに、「努力3代」という講話があった。それは、努力したらすぐ成果があらわれるものではなく、そのような努力は、親、子、孫の3代にわたって続ければ、成果は必ずあらわれる、というものであった。今思っても、そのような壮大な努力をしたことがなかったので、成果があらわれなくても不平を言うことはできないが、努力の継続の重要性は認識させられた。

また、当時の普通科の教育官も、立派で異色な方が多かった。というのは、終戦後、外地からの引揚者や軍人であった人たちの職がないということで、国税庁（特に、東京国税局）は、そのような人たちを数百名採用したことがあった。採用された人たちは、旧制大学卒や軍の幹部候補生の方が多く、戦後の税務行政の基礎を造ったとも言われる。そして、普通科の教育官も、そういう人たちが多く、いわゆる役人的でない人が多かった。

私の班の担当教育官のK先生も、元軍人でそういう風格を持っている方であった。当時の研修生は、東京国税局と関東信越国税局とに所属していたので、両局長の講話があった。その1人は、元総理大臣の御曹司であったこともあり、大蔵省では、特別の存在であった。その講義には、所長以下全教育官も参加され、さぞ立派なお話がうかがえるものと期待していた。しかし、その内容は、労働組合問題に終始し、某組合には入るな、というものであったため、がっかりして、不覚にも途中から頬杖をついてしまった。それを見た所長が激怒し、K先生に、厳しく叱るよう指示があったようである。K先生から、誰もいない教室に呼び出され、講話の時の席を確認した上で、所長が激怒していることを伝えられた。しかし、K先生は、「あのお話では頬杖もつきたくなるな！　しかし、所長のようなお考えが一般的だから注意したほうがいい、今日は厳しく叱ったことにしておくから頑張りなさい」と笑って励ましてくれた。先生の度量の広さに強い感銘を受けた。

また、所得税法のN先生は、「申告所得税における申告水準はせいぜい5～6割である。それを8割程度に引き上げるのが我々の仕事だ！　10割にしたらむしろ旗が立つ」と話していたが、その後、税務調査を経験してみて、そのお話が申告納税制度の真髄を突いているものと考えられた。現在、消費税について手間のかかるインボイス制度を導入し、１００％正確な税収確保が図れると喧伝しているが、それとて欠陥が多いことを考えれば、現行制度の方がむしろベターである。そのことは、追って述べることとする。

そして、入所した秋には、その年に制定された国税通則法の講義が始まった。講義の冒頭に、国税徴収法担当のO先生が、「国税庁の会議で徴収の担当が国税通則法を講義することになった。しかし、我々は、滞納処分が専門であり、国税通則法はむしろ賦課関係が多いので、個人的には反対である。私の講義が不十分なのは、国税庁の判断が誤りであったと思いなさい」と言われた。この一言は、国税通則法を研究するに当たって、忘れられない言葉になっている。その後、国税通則法が国税徴収法の一部であるかのように取り扱われ、国税職員も税理士も、租税手続法の根幹を見失う実務を続けている。その弊害が大きいことは、後年私が大学院で税理士に対して国税通則法を講義するに至った時に一層痛感した。

このように、当時の普通科研修は、物事の本質を突くユニークな教官が多かっただけに、研修生にとって極めて有益であったし、私自身、その後の成長の原動力となった。

6　税務職員悲話

普通科卒業時、配属署と所属する課の希望を聞かれたので、「新潟大学を休学しているので、署は新潟で、総務課以外の税金の仕事なら何でもやります」と答えておいた。卒業式当日、手渡された辞令には、「銚子税務署総務課」と書かれていた。憮然として受け取り、研修中に国家公務員中級試験にトップで合格し、中央省庁からの誘いもあったので、迷いがあった。しかし、一週間後、同期8名、S総務課長に率いられ着任した。「銚子は国の突外れ」と言われるだけあって、両国駅から約3時間の汽車旅は長く感じた。

当時の銚子税務署は、総勢82名、約3割は普通科を卒業して1～3年の若年（見習）職員であった。着任してまもなく、税務職員の宿命とも言える悲しい話を聞かされた。一つは、間税課酒税係の人たちが、毎月特定の日に花束を持って近くのお寺にお参りに行っていた。総務課の先輩の方に、「酒税係の人たちは何をしに行くのですか」と聞いた。答えは、「10年ほど前、密造酒の摘発に行った職員が、摘発の現場（畑）で撲殺された日（月命日）にお参りに行く」とのことであった。そのようなことは、研修中にも聞かされたことがあったが、身近なことと知らされ、税務職員の厳しい職務を思い知らされた。その後、金沢国税局調査査察部長時代、あるパチンコ店にガサ入れした際、逆上した店主が、「ぶっ殺すぞ！」とわめいてゴルフクラブを振り回したことがあった。現場にいた私は、思わず受話器を取って警察に連絡しようとした時、その店主の長男（大学生）が「お父さん、それをやったらお仕舞いだ！」と言って、父親を羽交い絞めにしたので、無事に済んだ。一歩間違えば、同じ運命をたどるところであった。

もう一つは、総務課の隣の徴収課に明らかに精神的に病んだTさんという職員がいた。課の人たちとの会話はできていたようであるし、滞納者に対する督促ぐらいはできていたようなので、同僚とも出張もしていた。しかし、席にいるときは、いつもボーッとした感じでいた。特に、他人に危害を与えるわけでもないので、同僚からは、「T」とか、又はファーストネームで呼ばれていた。この人について、総務課の先輩に、「Tさんはどういう人なのですか？　なぜ職員として勤務していられるのですか？」と聞いた。先輩からは、「Tさんは、数年前に差押え等の滞納処分に行った先で、その滞納者が自殺したため、Tさんもそれを苦にして精神を病み、その後、落ち着いたものの、あのような状態になっている」「役所としても、そういう人を首にはできないだろう」という話であった。その後、関東信越国税局調査査察部に勤務していた頃、査察調査の尋問中、容疑者が8階のビルの窓から飛び降りたという話も聞かされたことがある。その査察官も、それがショックで精神的に障害を来したようであるが、どうやら職場に復帰したものの、後遺症が残っているとのことであった。

ともあれ、昔から、「税金取り」は嫌われ者の代名詞のようなことが言われてきた。かつて、映画『マルサの女』がヒットするまでは、税務職員は「絶対にドラマの主人公はなれない」とも言われてきた。また、川柳に、「火事だ！　税務署だ！ほっとけ！」という一句がある。これも庶民の税務署への気持ちが表れている。このような嫌われ者の税務職員であっても、皆、勤勉で、善良な人たちの集団である。

しかし、職務に忠実で、かつ、熱心に仕事に取り組めば取り組むほど、他人の恨みを買うという、因果な仕事ではある。そのような因果な仕事であるという実例を、税務職員となった最初の税務署で知ることができたというのは、自分にとっても、税務職員としてのあり方等について考えさせられる貴重な経験となっている。

ところで、このような悲しい話とは別に、かつて、行政機関（お役所）の窓口で「どこの役所が一番親切か」というアンケート調査があった際、税務署が1位か2位であったと記憶している。これなどは、税務職員は、厳しい使命を負っているがゆえに、国民に真の行政サービスを提供しようと努めている証左であると言える。

7　初めてのご褒美

銚子税務署総務課での仕事は、最初は、職員の給与計算であった。当時は、全て、手書き、手計算であったので、関係法令等に照らし、各人の給与総額、各種の控除額、手取り額等を一人ずつ計算した。慣れた後は、「担当以外にも何でもやります」と言って、物品管理、共済、厚生関係の仕事をこなした。総務課長には、「併任辞令を出して、現場の仕事もさせてください。滞納処分でも何でもやります」と申し出た。しかし、総務課長も、苦笑して首を縦に振ってくれなかった。

勉強の方は、下宿先の夕食を済ませた後はすぐ寝ることにして、朝の2時、3時に起き出して勉強することにした。何しろ、三畳一間、押入れも机もない部屋で、布団にくるまって本を読んだ。下宿の脇は国道であったので、起き出した頃、魚市場から魚を積んだトラックがひっきりなしに東京に向かっていた。目指すは国家公務員上級試験（甲種）である。参考書は、再開した通信教育の教材と上京した際に買い求めた数冊の専門書であった。また、役所の昼休みには、日本経済新聞を熟読した。

着任した年の7月、高校を卒業して3年目ではあるが、上級試験については受験可能な年齢であったので、試しに受験してみた。9月にその結果が届いた。6科目中、専門（経済）の記述試験のみ合格水準に達していないということで不合格だった。その通知書を手に握りしめ、近くの利根川のほとりに行き、台風が近づいていて波の音が激しかったので、人目を憚ることなく思い切って泣いた。あの時ほど、普通の大学に行くことができなかった身の不遇を嘆き、悔しいと思ったことはなかった。

捲土重来を期し勉強を続けた結果、その翌年の9月、今度は合格通知書を手に入れることができた。成績は40位ぐらいで、それなりに上位合格であった。その後、国税庁に対して、採用してくれるよう申し出た。しかし、国税庁からは、「部内採用はしない」旨の返事が来た。そのことは、中級試験に合格したときも言われていたものの、上級試験ならばと思っていたが、そのいちるの望みも断たれた。その理由は、「かつて高等文官試験時代に、役所の仕事をしないで勉強ばかりして合格した者がその後出世していたので、職場を乱す弊害がある」ということであった。やむを得ず、他の省庁を受験し、ある役所から内定通知をいただいた。これで、税務署ともお別れかと思うと感慨深いものがあった。

その後、11月に入って、国税庁に出頭するようにという指示があった。指示の日に出頭すると、人事課の担当者から、これから上級試験の面接をするということで、特別会議室に案内された。会議室には、国税庁次長をはじめ幹部の方が10名ほど座っておられた。いろいろな質問を受けたが、急な面接であり、準備不足もあったため、十分な応答はできなかった。終了後、指示により、国税局長にも面接した。緊張して局長室に入ると、T局長は大変穏やかな方であった。国税庁での急な面接をねぎらっていただき、今後も努力するよう優しく励ましてくれた。

面接試験終了後、間もなくして、国税庁から、上級職の内部採用をする旨の通知を受けた。その際、国税庁では、従来は内部採用をしてこなかったが、その採用方針を変更し、勤務成績が優秀でかつ合格内容が良い者がいれば内部採用をすることにした旨を聞かされた。その後、普通科研修中にお世話になったU主任教育官から、「今回の君の内部採用については、銚子税務署の上司の方が、君の仕事ぶりを高く評価し、このような若者を国税の職場から追い出すのは大変損失である旨の上申書が出された」ことを聞かされた。その上司がどなたであったかは、知らされることはなかったが、今もってその方に感謝している。

思えば、小国分校の卒業式で、「『働きながら学ぶ』ことを生涯貫く」ことを誓い、「働くこと」と「学ぶこと」をそれぞれ陰日向なく実践してきたつもりであったが、そのことへの「初めてのご褒美」をいただいた思いであった。

8　学生生活

上級職の採用が決定した後、しばらくして、国税庁人事課から、「この度、税務大学校で研究科研修を始めることにした。研修内容は、大学校内でのゼミ講義、研究論文の作成、東京大学又は一橋大学の聴講であるが、君は大学を卒業していないから、そこで、1年間勉強してもらいたい」と言われた。翌昭和40年3月中旬、東京国税局総務課への配置換えが発令され、4月から税務大学校研究科研修生（1期生）となった。校舎は新宿にあり、旧陸軍経理学校を利用したものであった。

研究科1期生は、全国から19名が集まり、実務経験も私以外は15～20年で、庁局のエース級が揃っていた。研究科の発足に当たり、東京大学のK先生と一橋大学のI先生が顧問教授となり、それぞれ税務大学校内でのゼミ授業を担当された。K先生には、その後50余年にわたって、学会、各種機関の研究会等でもご指導をいただくことになった。研究論文については、税法解釈等の実務経験がなかったので、配当課税における所得税と法人税の二重課税問題に取り組むことにした。そして、税務大学校の寄宿舎は、前年使用された代々木のオリンピック村があてがわれた。

聴講大学は、東京大学を志望し、司法試験を目指そうとしたが、一橋大学を指定されたので、公認会計士試験を目指すことにした。大学には、指定通り、5教科を届け出た。しかし、他の教科の聴講も可能と言われたので、時間の許す限り、いろいろな科目を受講することにした。かくして、研究科生活が始まったが、税務大学校でゼミがある時は、午前中、税務大学校、午後、一橋大学、そして、夜は、再開した通信教育のスクーリングを受けるため慶應義塾大学へ通った。そして、休日等を利用して、論文作成の資料集めと執筆に当たった。給料をいただいて、これだけ勉強させていただくことは大変ありがたいことだと思った。

一橋大学では、法学部、経済学部、商学部と時間があればどの科目でも受講した。大学の雰囲気は、普通科の時と違って、良い意味でも悪い意味でも自由であった。学会では著名な会計学のB先生は、授業の開始は10分、20分遅れるのはザラで、ある時は1時間近く遅れた上に学務の方から「今日は休講です」と告げられ、苦笑したこともある。聴講生でも、質問は自由にすることができた。「財政学総論」の授業の時、学会では著名な方で税務大学校（本科）にも講師として見えられていたK先生に、「シャウプ税制では法人税は所得税の前取りということで、両者の調整が図られていたが、それがなぜ崩れたのか」と質問し、さらに重ねて質問して行くと、途中で「君はうちの学生と同じ年ごろなのに、何者ですか」と逆に聞かれた。「国税庁からの聴講生です」と答えると、K先生は苦笑して、「うちの学生にはそこまで研究している者はいない」とおっしゃった。ともあれ、1年間ではあったが、夢にまで見ていた大学生活を満喫した思いであった。

税務大学校のゼミでは、同期生といっても私以外は税法、税務会計のベテラン揃いであったので、講義について行くのが必死であった。K先生も、年齢的にも税歴でも先輩である研修生の前では、緊張しているご様子で、「このゼミでは教わることが多い」とおっしゃっていたのが印象的であった。論文作成は、テーマが財政学の租税論に関するものであったので、自由な立場でまとめることができた。その代わり、関連する文献は税務大学校と一橋大学の図書室でできるだけ多く集め、何とか自分では納得できるものをまとめることができたと思っている。寮では、同期生である「先輩」の皆さまには、年少であるがゆえに、可愛がられ、時には叱られた。「品川は叱り甲斐がある」とよく言われたが、これも一つの誉め言葉かと勝手に思っていた。

ともあれ、この研究科研修は、いろいろな意味で有意義な1年であった。普通科といいえ、研究科といいえ、私のようにまともな学校教育を受けることができなかった者にとっては、大変ありがたい制度であった。この二つの研修が、私に、学生生活を経験させ、学問とは何であるかを学ばせ、かつ、人生観や租税観に大きな影響を及ぼすことになった。

9　馬鹿は何でも書きたがる！

研究科卒業後、配属先は、国税庁直税部審理課であった。当時の審理課は、昭和38年に創設され、国税庁の縦割り行政を正す、ということで、直税関係の解釈通達を一つの課で取りまとめていた。初代の課長は、T課長で、後に事務次官、国鉄総裁を務められた方であった。私が着任した時は、2代目のK課長で、大変シャープな方であった。私は、法人税担当の第3係に配属された。法人税担当は、N課長補佐をはじめ、皆、法人税法解釈のまさに精鋭が揃っていた。

審理課在籍の2年間は、昭和40年に全文改正された法人税法の基本通達を新たにする作業であった。新法の立法趣旨を確認し、条文ごとに、関連する旧通達の是非を検討し、新通達の条文内容をどうするかということが毎日のように議論された。その議論の場では、上下の関係なく、どんな意見でも言うことができた。その代わり、勉強不足がばれるような発言をするとこてんこてんにやられた。極めて、自由で活発な議論であった。その後の職場で、あれ程自由で活発な議論を経験することはなかった。

その議論の中で、忘れられない一言がある、それは、旧通達の中で、どれを廃止し、どれを残すかという議論において、「馬鹿は何でも書きたがる！」という一言である。例えば、旧通達の中で、法人税法が純資産増加説を採用している根拠であると言われた「総益金とは、……純資産増加の原因となるべき一切の事実をいう。」「総損金とは、……純資産減少の原因となるべき一切の事実をいう。」（旧基通51）名句も、法人税法を読めば解るということで削除された。このような発想は、法人税法全文改正の立法段階でも同じであったらしい。その結果、当時の法人税法は、税法の中で最も簡潔で体系的な美しい法律であるといわれていた。

しかし、その後の法人税法や通達の改正に当たっては、「書かなければ解らない」という考え方が主流になったようで、法令・通達ともやたらと重複規定が多くなった。その結果、法人税法は、今や各税法の中で、最も難解でグロテスクな法体系となり、通達もそれに追随しているようである。その結果、また、国税の税法全体で、その条文量が、60年前の10数倍に達した原因にもなっているものと考えられる。もちろん、60年前とは、経済取引も、国際化、複雑化しており、課税対象もそれに対応しているから単純な比較はできないとも言えるであろう。

そうであるからこそ、税制・税法の真の簡素化を図るために不断の努力と発想の転換が必要とされている。10年程前、日本租税研究協会で、複雑化する法人税法を簡素化する案について議論したことがある。その時、私は、「法人税法を複雑にしている最大の原因は、連結納税導入後、単体法人課税との調整規定がやたらと多くなったせいもある。そうであれば、単体法人を対象にする「法人税法」とグループ法人を対象にする「連結納税法（グループ法人税法）」と分ければ良い。そうすると、99%の法人は「法人税法」のみで法人税を申告・納税することができる」旨を発言したことがある。しかし、その時は、確か、経済界から反対論があったと記憶している。憶測では、従来から法人税法を支配してきた側からすると、その影響力が薄まることを恐れたかのように考えられた。

さらに、税制・税法を複雑化しているもう一つの原因は、特に、平成10年代から、租税回避行為の否認規定について、一般否認規定の創設が否定されているため、各税法において個別否認規定が多用されていることにもある。もちろん、租税回避行為に対する一般否認規定の是非については、単に、税制・税法の簡素化の見地からのみ議論されるのではなく、多面的な見地から検討されるべきであるから、本稿でも、別途、述べることとする。いずれにしても、税制改正の都度、「公平・中立・簡素」がスローガンになっているが、「簡素」だけが空念仏に終わっている。

ともあれ、審理課に在籍していた2年間は、税法とは何か、税法をどう解釈すべきかについて、当時、実務家の中では最高水準にあった大先輩の人たちと議論でき、そのことから実に多くのことを学ぶことができたという貴重な経験となった。

10　税理士試験

審理課の2年間は、勉強面でも成果があった。一つは、一橋大学で公認会計士試験の受験科目を一通り勉強できたので、二次試験を受験することにした。私の受験勉強は、試験に合格するのが目的ではなく、会計学等を極めるための手段であった。この方法は、どの国家試験を受ける場合も同じであった。そのため、専門学校にも通わず、傾向と対策も必要なかった。二次試験は、昭和42年に合格した。当時、6000人の受験者のうち、合格者は200名程度であったから、まさに狭き門であった。

また、通信教育については、苦労してスクーリングの単位を重ね、昭和43年9月に卒業できる目途をつけた。当時、慶応大学の通信教育を卒業できるのは35人に1人と言われていたので、これも難事業であった。

しかし、問題は、税理士試験であった。公認会計士試験の前哨戦のつもりで昭和

40・41年に5科目受験し、それなりに手応えがあった。しかし、役所で採点の基準を聞いたところがっかりした。確か、法人税法の理論問題は、「減価償却制度について述べよ」であったと思う。私は、同制度の意義、企業会計上の制度、法人税法上の特徴、そして、企業会計と法人税の調整のあり方を起承転結的に論じた。しかし、採点基準は、法人税法に規定されていることが多いほど加点されているようであった。まさに、税理士試験は、「計算と暗記」の試験であることを実感した。そして、結果は、簿・財は合格したが、税法科目は全滅した。2度と受験せず、10年間の実務経験による税法免除で、税理士の資格だけは手に入れた。

このような経験もあったため、税理士試験については、いろいろと考えさせられ、提言もしてきた。早稲田大学会計研究科の時には、会計士試験も、税法科目があるので、条文解釈の重要性を説いた。しかし、学生のほとんどは、配布用の法規集も受け取らず、税法を読もうとしなかった。その原因は、当初の会計士試験では、企業法については法規集が机上配布されたが、税法についてはそれがなかったから、ということであった。それは、税理士試験も机上配布していないので、それで良いのだと言われた。そこで、私は、金融庁に対し、受験者が最も多いと言われた早稲田大学の実態を述べ、企業法と同じ方法を採用する必要があることを提言した。金融庁は、その翌年から法規集を配布し、現在に至っている。

そして、私は、国税庁担当課にも直接出向いて、その必要性を説き、税理士試験委員の同僚の先生にも、その必要性を説いた。しかし、国税庁からは、「そんな予算はない」と言われ、試験委員の先生からは「そういうことを言われる先生は他にいません」と言われた。ここでは、私の「正論」は通じないのか、と落胆した。

その後、現在勤務している税理士法人の20代の若手税理士から、次のことを言われた。「受験時代、暗記と計算ばかりやらされて、税理士という仕事に疑問を持っていたが、この事務所に来て、条文解釈の重要性を知らされ仕事が面白くなった」。この一言は、最近、税理士試験受験者が減少し、税理士制度の将来を危惧する声が多く聞かれるが、それが現行の試験制度に一因があることを示唆している。税理士試験の関係者には、再考をお願いしたいところである。

また、「税理士は法律と会計の専門家である」と良く言われるが、これも、今の試験制度では法律の専門家になることに問題があるものと考えられる、私は、かつて、日本税理士会連合会（日税連）の外部理事の時、税理士が手続法に弱いことを嘆いていたので、「試験科目」に「国税通則法」を加えるべきである、と何度か提言したことがある。「税理士試験の科目に『国税通則法』がないのは、司法試験に『憲法』がないのと同じだ」とも付け加えた。

しかし、その提言は、聞き入れられることはなかった。私は、税理士法人の代表社員を務めていた当時、所属税理士の手続法の弱さを実感し、彼らを指導してきたが、右の提言が「正論」であったことを実際に税理士の実務を体験しながら実感してきた。

11　現況調査

当時、国税庁のキャリア組は、本庁2年勤務後、国税局調査査察（調査）部の国税調査官を3年間勤めることになっていた。私は昭和43年6月、関東信越国税局に配属された。元々、「税務行政の根幹は税務調査にある」と考えていたので、期するところがあった。税務調査については、古くから、主として、反税団体との間では「事前通知をしないのは違法」、「調査理由を示さないのは違法」等々と、調査の現場で、あるいは法廷で激しく争われてきた。しかし、国税局の調査では、相手が大法人であるだけに、そのような手続上の争いは無縁であった。

そのためか、私は、在任3年間で、73件の法人税調査を担当したが、一度も事前通知することなく、調査を実施した。しかも、「現況調査」と称し、調査先の法人の玄関先で税務調査に来た旨を告げ、すぐに経理部（課）に直行し、いきなり金庫の中身を調べ、時には、経理部長の机の中まで調べさせていただいた。このような荒っぽい調査を実施しても、特に、手続上の違法性が問題にされることはなかった。ただし、一度だけ、苦い思いをしたことがある。

それは、北関東にある中堅の鉄鋼会社を調査した時である。我々は、実地調査に入る前に、準備調査と称し、調査対象法人の景況、従前の調査歴、法定資料等を入念に調べ、その会社は景気も良く、過去5年間机上処理で申告是認等であることを確認していたので、現地に入って、早速、現況調査を実施した。ところが、間もなくして、経理部長が「あなた方は去年も同じことをして、申告漏れもなかったのに、なぜ同じことをするのか」と怒気を含めて、文句を言ってきた。私は、内心、「そんなバカなことがあるか！」と思い、相棒のS調査官を見た。彼は、知らん顔をして調査を続行しようとしていた。これはまずいと思い、私の判断で経理部長に対し別室で説明することにした。

私は、経理部長に対し、「準備調査の段階で、過去5年間貴社の調査をしていないことを確認した上で調査させていただいている。しかし、それは、私どもの管理上のミスがあったようで、そのことは深くお詫びする。しかし、今回は、私どもも命令を受けて調査を実施しているので、私たちの目でひと通り調査させていただきたい」とお願いした。経理部長が了解してくれたので、ひと通り調査を実施し、数百万円の申告漏れを指摘した上で、予定より早く調査を終了させることにした。その後、その経理部長から何度か税務処理について質問をいただいた。中には、難しいものもあったので、審理担当の主査を紹介しようとしたが、経理部長から、「貴方だから質問している。他の調査官とは話をしたくない」と言われた。その一言で、その経理部長が私を信頼してくれていることを知り、うれしく思った。

このように、前の調査担当者が現況調査を行いながら、「机上処理」とごまかしたのには、それなりのわけがあった。当時、増差（申告所得と調査所得との差額）をあげない調査官は無能とされ、その時の調査課長も、マルサ出身の「鬼のK」と称され、増差の出ない復命にはそっぽを向き、「出張旅費をムダにしてきたのか」と言い放っていた。そのため、出張中でも、週半ばを過ぎても増差が出そうにもない事案になると、相棒の調査官が暗い顔になるので、私は努めて、「これだけ調べて申告が正しいということは会社を褒めるべきで、がっかりすることではない」と慰めた。相棒は苦笑して、「品川さんと一緒だと気が楽になる」と言ってくれた。このような増差主義は、何も悪いことばかりではなく、当時、「税務職員は、公務員の中で最も働く」と評価された原動力にもなっていたはずである。要は、増差主義について、調査官の調査能力に応じた適切な管理が行われているか否かである。

その後、私が実施していた事前通知のない現況調査については、最高裁昭和48年7月10日第三小法廷決定（詳細については別途述べる）によって一応のお墨付きがあったが、国税庁の方針もできるだけ事前通知する方向に変わってきた。そして、平成23年の国税通則法改正によって、事前通知のない実地調査を原則禁止するなど、調査方法が大幅に変更されることになったが、その是非は別途述べることにする。

12　理由附記

私は、3年間で73件の実地調査を実施し、それらについて全て更正処分をし、机上処理の事案の中でも更正を要するものもあったので、100件を超える更正決議書を起案した。決議書を作成することは、法人税法、法人税法施行令、法人税法施行規則、そして、租税特別措置法の関係を理解する上で大変勉強になった。問題は、更正の理由附記であった。調査先に否認項目を十分説明し、会社側も納得した上で更正するので、その理由は、否認項目につき数行で済ます簡単なものにした。調査官時代の前半は、そのような理由附記で特に問題にされなかったが、後半になると、審理担当の主査から、私の書いた決議書の理由附記について付箋が貼られ、突っ返されるようになった。

その理由は、国税庁からの情報（指示）により、「最近、裁判所がうるさくなって、理由附記が不十分な更正を違法だとして、その更正を取り消しているから、十分な処分理由を書くように」とのことであった。私は、主査に対して、「我々は、調査先で否認事項について十分説明し、先方もそれを全て納得しており、それを確認するために備忘的に理由を附記しているのであって、現に、今まで、このような理由附記が違法であるなど、一度たりとも言われたことはない。そもそも、税務調査の現場も知らず、我々調査官の苦労も知らない裁判官が何を言っているのか知らないが、そんな裁判官の言い分は会社側から文句を言われた時に考えれば良いではないか。少なくとも我々の仕事は、一件でも多く調査することであり、それもせず、机にかじりついて、理由附記の作文をするのが仕事ではないはずである」と言って、貼られた付箋を全部はがして、その決議書を審理担当主査に突っ返した。

こんなやり取りをして3年間の調査官時代を過ごしたが、今思えば、判例法の何たるかも知らず、随分無茶なことを言ってきたものである。私が調査官になる5年ほど前に、最高裁昭和38年5月31日第二小法廷判決が、「一般に、法が行政処分に理由を附記すべきものとしているのは、処分庁の判断の慎重・合理性を担保してその恣意を抑制するとともに、処分の理由を相手方に知らせて不服申立に便宜を与える趣旨に出たものであるから、その記載を欠くにおいては処分自体の取消を免れない」と判示しており、その後も多くの判決が理由附記の程度等についても厳しい判断を示すようになってきた。今考えると、当時の税務調査の現場では、このような判例法の動向を全く無視したことがよくできたものだと苦笑している。

元々、税務調査の現場では、調査の上手な人は作文が下手だし、作文の上手な人は調査が下手だというのが通り相場であったので、その後の実務では、調査を早く終わらせるために、更正から修正申告へ切り換えられていった。「修正申告」と言えば、納税者の自主性を尊重したもので、申告納税制度の下で一見適正な処理でもあるように考えられる。しかし、現実は、必ずしもそうではない、と言える。我々がやってきた更正処分主体の場合には、綿密な調査を行い、その調査所得等をていねいに説明し、実額で争われないよう十分注意してきた。しかし、修正申告となると、「バナナの叩き売り」の如く、最初に否認できそうな項目を多く並べ、少しその項目を減らして、修正申告に誘う（追い込む）という手法が多く見られる。時には、権力的な調査を行い、納税者に不安感を与えながら、修正申告に追い込むという手法も見られる。

特に、平成23年の国税通則法の改正によって、税務調査手続が一層厳しくなり、調査官による調査手法が制限されるようになってから、そのような傾向がむしろ強くなっているように見受けられる。このような調査手法は、調査官の調査能力の向上を妨げることになることに、当局側も留意しなければならないはずである。ともあれ、このような現象が続くと、皮肉なことに、昭和38年最高裁判決が言う「処分庁の判断の慎重・合理性の担保と恣意の抑制」に反することになり、平成23年通則法改正の趣旨である「納税者の予測可能性の保障と権利保障」にも反することになる。

13　経営者の価値

調査先での苦い経験の一つに、役員給与の適正額を会社側と争ったことがある。北関東の従業員３００人程度の製造会社を調査した際、調査終了後、ひと通り否認項目を説明した後、最後に、社長の報酬が非常に高く、かつ、社長用の乗用車が大変高額な外車であったので、「社長用外車の減価償却費を報酬に加算し、同業者の報酬と比較した上で、過大報酬分を否認する」旨を告げた。それに対し、私の説明を聞いていた年配の経理課長が、静かな口調で次のように反論してきた。

「貴方にうちの社長の働きが分かりますか。うちの会社が他社よりも業績も良く、従業員の給料も比較的高いのも、社長の才覚と経営手腕のお陰なのですよ。社長用車に高級外車を利用しているのも、どんな交通事故にあっても社長の命だけは守る必要があるので、いわば企業防衛のためなのですよ。税務署の人は、よく隣近所の同業者と比較して、高いの低いのと仰いますけれども、それぞれの会社経営者の経営能力を直接比較して適正かどうかを判断すべきではないですか」

私自身、以前から当時の過大役員報酬の損金不算入規定の適用に当たって、同業種・同規模の会社の役員報酬と比較して、多くの場合、その平均値又は若干のアローアンスを見込んで、「過大である」と認定することに抵抗を感じていた。それに加え、いろいろな会社を実際に調査してみると、中堅企業の経営者の中には大変優れた方がいるし、文字通り「命がけ」で経営に当たっている方がいることも知ることができた。それに対し、大企業の経営者の方は、いわゆる「サラリーマン重役」の方が多く、命がけで経営に当たっている方が多いとも思えなかった。そうなると、「大は大」「中は中」「小は小」と企業規模の比較によって、役員報酬の適正額を判定することにどれ程の意味があるのか疑問に思っていた。

そのため、前述の経理課長の反論に対しては、「課長さんのご意見は分かりました。国税局に戻って検討します」と言って、早々に引き上げることにした。内心は、「自分の負け」だと考えていた。

このこともあって、その後、役員報酬課税のあり方については、一層強い関心を持つようになり、役員報酬課税に関する裁判例、裁決例を徹底的に調べてみた。そして、それらを何冊かの著書にまとめたこともあり、求められるままに、個別の事件における役員報酬・退職給与の適正額について意見書を書いたことも何度かある。そのため、それらの解説や意見書においては、もっともらしいことを書くことはできる。しかし、今もって、それぞれの経営者の経営上の価値がいくらであるべきかについては、明確な答えを出すことはできない。

ともあれ、このような経験を踏まえてみると、現行規定や裁判例の傾向について、問題が多いことを指摘できる。まず、法人税法34条のタイトルが「役員給与の損金不算入」とあるが、そもそも役員給与は、その役員がいなければ経営は成り立たないところ、その経営遂行上の対価は最も重要な損金であるはずである。それを法律が、原則損金不算入とし、例外的に損金を認めることは本末転倒である。また、法人税法34条1項3号は、業績連動給与の損金算入について、中小の同族会社を除外しているが、そのような中小会社の業績こそ経営者の手腕に依存していることを考えると、その除外規定も的を射ていないものと考えられる。

　また、裁判例においては、相変わらず、同業者比率至上主義である。例えば、役員退職給与の適正額の算定において、平均功績倍率法の適用が定番となっているが、巷間、３・０程度であれば良いとも言われている。この点、東京地裁昭和46年６月29日判決は、３・０を適用した会社の申告を認めたものの、上訴審の東京高裁昭和49年１月31日判決と最高裁昭和50年２月25日判決は、いずれも、国が主張する平均功績倍率２・１によるべきであるとして、一審判決を取り消している。しかし、上訴審判決の同業者比率至上主義に違和感を覚えている。ともあれ、このような横並び主義は、現在も続いている。私の調査官時代に「経営者の価値」を諭してくれた（恐らくは）泉下におられるであろう件の経理課長も苦笑していることであろう。

14　これからの税務行政

昭和44年6月1日は、国税庁の開庁20周年に当たる。この20周年を記念して、国税庁は全職員から「これからの税務行政」のあり方について、記念論文を募集することになった。私は税務行政について短い経験しかなかったが、それに応募することとし、結婚式の一週間程前に、日頃考えていることを取り急ぎまとめて応募した。その結果、入選3席の1席に選ばれることになった。入選者の中では最年少であった。その記念論文は、国税庁の機関紙である「週刊　国税広報」昭和44年6月23日号（No.657）で紹介された。

その論文の骨子は、まず、前文として「申告納税制度の現状と育成の必要」を述べ、施策の柱として「納税者に対する施策」と「執行及び管理体制への施策」を挙げ、結びとして、執行を通しての「税制への積極的参加」を呼び掛けた。

「納税者に対する施策」については、「国民の租税に対する認識の高揚を」ということで、特に、学校教育において、租税教育のカリキュラム化を図ることを提言した。

また、「租税に関する情報の提供を活発に」ということで、社会一般に対する租税教育を一層活発化する必要を説いた。次に、国民が租税を正しく認識するためには、「国民の信頼を得る執行」の確立の必要性も説いた。そのためには、「正直者に馬鹿を見させない」ための税務執行の確立こそ肝要であることを述べた。「執行及び管理体制への施策」については、本論文の柱となるべく、いくつかの提言を試みた。まず、「職員の素養の高揚を」ということで、「新規採用者について」は、かつては、経済的に大学に行けなかった優秀な人材を税務職員として採用してきた時代（我々の世代が最後）が終わったことを認識し、当時の普通科採用を中心とするなら、研修期間を2～4年とし、社会的に通用する大学（短大）卒の資格を与える必要があるとし、それが困難であれば、全面的に大学卒採用に踏み切るべきだと提言した。この提言については、その2年後、国税専門官制度が発足し、現在では彼らが税務行政を支える柱となっている。

次に、管理体制の中で、「業績評価の適正化を」ということで、当時、最も関心のあった税務調査における「増差主義」のメリット・デメリットとそのあり方を説いた。「11」「現況調査」でも述べたように、いろいろな問題はあるが、それを適正に管理すれば、税務の職場を、いわゆる「お役所仕事」的なものではなく、効率的、合目的なものに変えることもできると説いた。そして、そのような適正化は、申告水準の向上と国民の税務行政に対する信頼の向上に結びつくことになるとも説いた。

その他、税務調査のあり方については、「一般調査と査察調査の適切な融合を」ということで、一般調査については、できる限り実調率を維持して納税者との接触を深めて、申告納税制度の監視役の務めを果たし、脱税等の不正に対する査察調査の強化を図るべきとした。

また、一般調査と査察調査とは、それぞれ別個のものではなく、効果的な連携の必要性も説いた。

さらに、税務調査の充実のためには、「情報網の拡充を」ということで、そのことの重要性を説いた。そうすれば、緻密な税務調査が可能となり、権力的な現況調査のような調査手法も制限されるものと考えた。また、その拡充の中で、今後、知能的な租税回避行為が多くなってくるであろうから、それぞれ対処できる手法も構築する必要性を説いた。

最後に、申告納税制度の確立には、税務執行と税制が相互理解の下に相調和する必要性とそのための税務執行側からの税制改正を提言することを説いた。

以上のような提言は、その後の50余年の日々の流れの中で、単なる夢物語であったのか、少しは実現して来たのか、あるいは実現それ自体が不可能なのかいろいろと考えさせられるところは多い。しかし、今後、さらにどうあるべきかについては、立場は異なったとはいえ、日々考えているところではある。

15 結婚

昭和44年4月、結婚することになった。私が27歳、妻が24歳であったが、当時の男女の結婚年齢と同じであったので、その点では人並みの結婚をすることができた。今思えば私のように肩肘を張って生きてきた男が、よく人並みに結婚することができたと思っている。意外なことに、私たちの真の月下氷人は、「6」の「税務職員悲話」に登場していただいた「Tさん」だと思っている。

銚子税務署に赴任して2か月程過ぎて、全職員が参加するレク行事として、筑波山へのバス旅行があった。帰りのバスに集合した際、そのTさんがいないということで大騒ぎとなった。地理に明るい者が数名探しに行くことにして、残りはバスで待機していた。そのバスの中では、Tさんを非難する声が多く聞かれたが、後ろの席で「Tさんがかわいそう」とつぶやく声が聞こえた。振り返ってみると、入署の時はセーラー服を着ていたので、アルバイトの高校生かと思っていたSさんであった。その「かわいそう」の一言が気にかかって、彼女の存在を気にするようになった。思い切って、「映画にでも見に行きませんか」と誘ってみた。その返事は「特定の人とお付き合いする気持ちはありません」という素っ気のないものであった。銚子の2年間は、そのまま何事もなく終わった。

上京して4年後、若干の紆余曲折があったものの、二人は結婚式を挙げることになったが、不思議な縁であった。もっとも二人にとっての他所では見られないドラマは、結婚後にあったのかもしれない。私たちは、稲毛海岸にあった公務員宿舎で新生活をスタートさせた。妻は江戸川税務署に転勤し、共稼ぎ生活を始めた。その翌年、長男に恵まれた。この短い共稼ぎの間、それなりに楽しい日々を過ごすことができたが、結婚生活の中で勉強することの難しさを知らされた。これから育児が始まると、もっと勉強ができなくなると思った。そこで、妻に「役所を辞めて専業主婦になってくれないか。そして、私に勉強させてくれないか」と頼んだ。妻は2～3日考えた後、「分かりました」と言って、私の頼みを受け入れてくれた。

その後、私は、役所の仕事が終わると、家事、育児は全て妻に押し付け、勉強に集中した。長男が生まれた昭和45年には公認会計士の三次試験には未だ実務経験が足りないということで、その年に不動産鑑定士を受験することとし、ついでに宅地建物取引主任者の試験も受験した。幸い、二つとも合格することができた。その頃、長男がハイハイし始め、私が寝転んで本を読んでいた時、その長男が遊んでもらえると思ってハイハイしながら近寄って来ても、私の手に本があるのを知ると、Uターンして妻の方に戻って行くことがしばしばあった。今思うと、赤ん坊にさえピリピリ感を与える程、異常な生活をしていたものだと思っている。

昭和51年には、長女にも恵まれたが、家の中では相変わらず、勉強、執筆、仕事と世にいう「家庭サービス」とは無縁な生活が続いた。そして、昭和61年には、田舎から両親を引き取り同居することになり、爾後16年間妻に介護していただいた。さすがに、私は、妻に「申し訳ない」「ありがたい」と思うようになった。妻からは、「おじいちゃんたちと同居してから、お父さんは変わりましたね」と笑われた。

ところで、東京国税局の妻と同期の女子職員の中には「マルサの女」のモデルになった方と、私が税務大学校教育二部長時代にその配下に所属していたK教育官がいる。お二人とも、女子職員の模範になる方で、後に都内の税務署長を務めている。特に、K教育官とは2年間同勤し、そのテキパキした仕事ぶりに感心していただけに、夫の両親を世話している妻の立場と比較しながら、女性の生き方についていろいろと考えさせられたことがある。このようなこともあって、両親を見送った後は、罪滅ぼしを兼ねて、できるだけ二人で旅行（地方講演のお供も多いが）することにしている。

　このような私どもの結婚生活を知っている知人からは、「品川が今あるのは、全て奥さんのお蔭」と言われているが、反論の余地はない。

16　国際関係の激変

　3年の国税調査官の勤務が終わると、本省係長に就くと聞いていたので、一度は主税局で勤務したいと願っていた。しかし、昭和46年7月の人事異動で、国際金融局総務課渉外係長になり、その後も、主税局勤務の夢は叶うことはなかった。渉外係の主な仕事は、各種国際会議のロジスティックの調整と国際関係の情報を収集増刷し、関係部局に配付することであった。後者の仕事は、公電について急を要するものは外務省に取りに行き、大蔵省から海外機関へ出向している者から来るＭＯＦ電については、深夜によく新橋の国際電報局に取りに行った。税金とは全く関係のない仕事であった。

　しかも、昭和46年から48年の2年間は、国際関係の激変期であり、多忙を極めた。そのお蔭で、その後、国際問題を考えるに当たって良い機会を与えていただいたと考えている。

着任して間もなく、ニクソン大統領が突如中国を訪問したということで、省内放送が鳴り響いた。その後、わが国も、中国との国交を回復させた。当時、その大業を成し遂げた田中角栄総理の満面の笑みが報道されていたことを今でも良く覚えている。当時は、アメリカもわが国も、非常に貧しかった中国に経済援助をし、経済的なパートナーになってくれることを願っていたはずである。ところが、50年後の今、日米ともに中国の軍事力と経済力の脅威に悩まされている。特に、わが国は、尖閣諸島には毎日のように中国公船が押しかけ、到るところで中国資本による土地の買い占めが行われており、いざというときにマスク1枚さえも中国に依存する羽目になっている。このような事態になることは、50年前にはだれも予想できなかったことであり、今さらながら、国際問題の難しさを感じさせられる。

そして、昭和46年秋には、第二次世界大戦後長年続いて来た1ドル＝360円という固定為替相場が崩壊した。これは、わが国経済の大転換であり、国際金融局にとって、その存在が日夜注目されるという大問題となった。そして、円は、一気に300円を割り込むという事態になり、わが国経済に大きな影響を及ぼすようになった。その後、円は、一進一退の繰り返しはあったものの、国力を反映し、円高基調が続き、1ドル＝70円台に突入したこともあった。その頃、エコノミストによっては、1ドル＝50円台になることを予測した者さえいた。

しかし、その後の国際経済情勢の変化とわが国の経済力や金融政策が変動する中で、円は、やや円安傾向となり、1ドル＝100円台で安定したかのように見えたが、コロナ禍とウクライナ戦争に翻弄され、現在では、1ドル＝130〜140円台にもなり、悪質な円安が続くことが懸念されている。元より、為替レートは国の金融・経済政策、国民の購買力等々が相まって決定されるものであるが、変動為替以後の一貫した円高基調は、わが国の国力の増強を反映したものであろう。しかし、皮肉なことに、この円高基調は、次第にわが国の国力を蝕む結果をもたらしてきたものとも考えられる。けだし、円高は、国民の購買力を高め、国民に豊かさを与え、あくせく働かなくても良いとする働き方さえ変えてきたが、次第に目先の利益にとらわれて、製造部門や製造技術を次々と海外へ移転させてきた。そして、コロナ禍で気が付いたときは、マスク1枚買うことに事欠き、かつては有数の半導体生産国であったのに、その調達が思うようにならず、車の生産にも事欠くに至っている。そして、これからの円安が、国力をさらに蝕むことが懸念されている。

国際金融局勤務の終わりの頃（昭和48年4月）には、マニラで開催されるアジア開発銀行総会の随員を命じられ、上司の計らいで、総会終了後、バンコク、シンガポール等を視察する機会を与えられた。これも、国際問題を考える上でよい機会になった。

なお、国際金融局勤務となった昭和46年の秋には、公認会計士第三次試験を受験し、倍率10倍の難関をくぐり抜けた。この受験は、毎日終電で帰るという激務の中で、昼休みに5分でも受験メモを見るという、過酷なものだった。結果的には、この受験が、約10年間続いた各種国家試験受験の最後となった。手元には、公務員試験を含めると、10枚程度の合格通知書が残った。

17　人間万事塞翁が馬

昭和48年7月、本省係長の任期を終えると、同期が一斉に税務署長になるとの話ではあった。しかし、私が内示を受けたのは、「税務大学校租税理論研究室助教授」であった。最初は耳を疑ったが、間違うわけがなく、激しく落胆した。国税庁勤務期間に20枚ほど辞令を受けたが、最も大きなショックではあった。「やはりまともに大学を出ていないから差別されるのか」と暗たんたる思いで帰宅した。妻には、「引越しの支度は必要ない」ことと、内示の結果だけを告げた。

この時ばかりは、妻もがっかりして私の暗い気持ちが一層暗くなるのかと覚悟していたが、妻は、にっこり笑って、「良かったわね。勉強ができるところで」と言って、背中をポンと叩いてくれた。この一言で、救われた思いがした。確かに、これまでの2年間は仕事の上で税金から離れていたので、税金のことに集中して勉強できる良い機会であると考えることもできた。早速、税務大学校へ赴任してから、研究テーマの選定を兼ねて、「税金とは何か」を徹底して勉強し直しすることにした。当時、税務大学校の図書室にあった税金に関する重要そうな文献を片っ端から読み漁った。その成果は、後述することにする。

ところで、サラリーマンにとって「転勤」は、常に対峙するテーマであり、そこから逃げることはできない。そして、転勤は、喜怒哀楽を伴うドラマである。そこには、栄転もあれば左遷もある。この場合、その人の日頃の勤務に対する評価が反映されることが多いが、通常、その人に対する他人や上司の評価よりも当人の自己評価の方が高いであろうから、それが転勤に反映されるときには、当人の不満が高まることにもなる。

また、サラリーマンが出世できるか否かは、「運3分、上司3分、実力3分」であると言われる。確かに、どんな組織であっても、その組織の人事については、その時々の組織が対峙する状況（景気、不景気も含め）、その時における人事の組合せ（辞める人が多いか少ないかも含め）等によって異なってくるから、それによって動かされる人は運に左右されることになる。また、どの組織においても、その組織の長とその部下によって構成されるが、その長の能力や好み、部下との相性や部下の能力等によって、その人事も左右されることになる。そして、最後の「能力」は、最も重要な要素であると考えられるが、それも、前記の運や上司との関係によって、正当に評価されるとも限らない。

このような人事制度をめぐる人間模様については、国税庁時代で終わったものと考えていたが、その後、野村證券の研究所なり税理士法人の役職を務めてみると、他人事とはいえ、再び同じ思いをめぐらしたことがある。当時、野村證券から研究所なり税理士法人に出向されている人たちと一緒に仕事をしたり、彼らの処遇をめぐって会社側と直接交渉したこともある。その都度、人事をめぐる難しさを今さらのように感じている。

話を私事に戻すと、助教授になったのは私にとっては大変ショックな人事ではあったが、他人から見れば、税務署の係長から副署長に大栄転したようなものであるから、不満に思う方がわがままであるということになる。その後、私は、税務行政の主流から外れているということでキャリア組から敬遠されていた国税不服審判所、法務省、裁判所そして再び税務大学校の勤務を命じられることになる。その都度、「またか」と思わないこともなかったが、それに対応できる知恵も少しは身に付くようになった。

要は、サラリーマン社会において人事異動によって与えられる「ポスト」は、まさに与えられるものであって自分の力ではどうにもならないものである。しかし、どの「ポスト」も、それぞれ重要な職務が与えられているはずであるが、その職務を全うできるか否かは自分自身の能力と努力にかかっている。さすれば、その職務を全うできれば、自己の能力を高めるためのチャンスにもなるはずである。要は、「災い転じて福となせ」ばよいのである。結局、「人間万事塞翁が馬」ということになる。

18 課税の論理

話を元に戻して、私が経験した租税理論研究室の仕事について述べることとする。その研究室は、私が就任する2年前の昭和46年に、当時、主税局長、国税庁長官及び大蔵事務次官を務められ、税制、税法の権威でもあったY氏の提案によって創設されたと聞いている。その理由は、戦後、税務調査は反税団体との闘いであったことによる。その闘いは、税務調査の現場で、調査官は種々の嫌がらせを受け、特定の税務署には反税団体が大挙して押し掛け、法廷では、やむを得ず行った推計による課税処分の違法性が争われた。

課税処分の違法性については、推計した所得金額の多寡が争われたことはもちろん、手続的には、推計の必要性と合理性、そして、税務調査について、事前通知をしない、納税者の同意なくして反面調査をする、反税団体の立会を認めない、調査理由を明かさない等々が違法事由に当たる、という反税団体側の主張であった。これらの主張については、行政庁の権力行使から国民の権利を保護することを重視する行政法学者等から、当該課税処分が手続的に違法である旨の論文が証拠として法廷に出されることも多かった。そのため、下級審の段階で、課税庁が苦杯をなめることがときどきあった。

これに危機感を抱いたY氏らが、取消訴訟においては、学者の論文には学者の論文で対抗するしかないということで、昭和46年、税務大学校に租税理論研究室を設け、そこに所属する「教授」の肩書で当時の税務調査が手続的に適法である旨の論文をまとめさせようとした（確かに、課税処分の取消訴訟においては、主税局や国税庁の担当者や幹部が書いた論文は、被告の主張と同視され、証拠的価値がないことを実感している）。すなわち、租税理論研究室は「課税の論理」を理論的に取りまとめ、それを公表することを職務とした。

そのため、同室設立時のメンバー（教授5名、助教授5名、教育官1名）の大半は、当時行われていた税務調査における質問検査権行使の適法性について論文を執筆し、税務大学校論叢や各種専門誌で発表していた。その成果が、最高裁昭和48年

7月10日第三小法廷決定において実った。同判決は、要旨、次のように判示している。

「質問検査の範囲、程度、時期、場所等実定法上特段の定めのない実施の細目については、右にいう質問検査の必要があり、かつ、これと相手方の私的利益との衡量において社会通念上相当な限度にとどまる限り、権限ある税務職員の合理的な選択に委ねられている」

かくして、この判決によって、事前通知をしない、調査理由を明かさない、税理士以外の立会を拒否する――等の税務調査は、原則として、適法とされ、また、反面調査も、納税者の同意がなくても可能となった。もちろん、「相手方の私的利益との衡量」があるから、当該職員による権限の乱用が許されるわけではない。そして、国税庁では、その後の事務運営指針等において、可能であれば事前通知に努めるよう指示してきたところであるが、いざというときには、右の最高裁判決を盾に強制的な調査も可能にしてきた。いずれにしても、この最高裁決定は、平成23年末に国税通則法が改正されて、質問検査権行使について大幅な変更が行われるまでは、税務調査における質問検査権行使の指針となり、税務調査の手続法に関する判例法として機能した。

私が助教授として赴任した昭和48年7月は、前述の最高裁決定があった直後でもあり、租税理論研究室の士気は非常に高かった。このように、質問検査権行使の違法性の問題が一段落したので、次の「課税の論理」に関するテーマ探しについて、議論が行われていた。

そして、当時の「租税理論研究室」は、その後、現在の研究部へと改組され、その職務内容や人員も一層拡充されている。ただし、先輩として気になることもある。それは、租税理論研究室設立当時にあった、他の租税法学者や裁判官に理解してもらう（説得し得る）ための「課税の論理」を構築するための気迫がやや感じられないことである。最近の税務大学校論叢の論文も、他の租税法学者等を説得するよりも、彼らに追随しているように思われる。後輩諸君の反論を期待したいものである。

19　課税所得と企業利益

租税理論研究室で最初に取り組んだテーマは、「課税所得と企業利益」であった。元々、法人税には関心があったし、実務経験も一番長く、かつ、会計学にも自信があったので、それなりの論文が書けると思った。問題は、テーマの絞り方とテーマのアプローチの方法である。当時、法人税について最も関心が持たれていたのは、企業会計上の利益計算と法人税の所得計算の関係がどうあるべきかであった。この問題については、政府の企業会計審議会や税制調査会をはじめ、学会からも、多くの意見書が出されていた。それらの共通する問題意識は、当時の企業会計原則、商法及び法人税法の利益、所得計算の調整を図るべきであり、それも、基本となる企業会計上の利益計算を基にして、法人税の所得計算をそれに歩み寄らせるべきとするものであった。そのため、「企業利益」が先にあって、「課税所得」はそれに準じて検討（調整）すべきものとされ、常に、「企業利益と課税所得」ということでは、前者が先であった。

私は、そのような発想にまず疑問を持ち、法人税の課税所得計算には税法独自の理論があり、それを明確にした上で、企業利益との調整を図るべきであると考えた。そのため、「企業利益と課税所得」ではなく、「課税所得と企業利益」ということで、両者の関係を逆に考えた。それでは、課税所得計算の独自の理論（理念）とは何であるかということになるが、その根底にあるのは、一つは、所得概念とは何かということであり、二つは、法人税をなぜ課税するのかという法人税の課税根拠であり、三つは、法人税が租税である以上租税政策の理念である租税原則との関係であると考えた。

まず、所得概念については、包括的所得概念（純資産増加説）によるべきであることを明らかにした。次に、法人税の課税根拠については、当時、法人実在説と法人擬制説による説明が多かったが、それを批判する有力説もあった。私には、その批判説の方が説得力があると考えられた。そこで、それらの各説を整理・検討した上で、法人税の課税根拠を法人個人一体課税説と法人独立課税説に整理し、今後の法人税制は後者によるべきであるとした。

さらに、租税原則については、数多くある租税原則論の中から、ワグナーの租税原則を中心に考察し、各原則間の対立については、「十分の原則」（租税収入の確保）を優位に考えるべきであるとした。もちろん、「十分の原則」が常に前面に立つのではなく、公正の諸原則（普遍の原則、公平の原則）と税務行政上の諸原則（明確の原則、便宜の原則、最小徴税費の原則）との関係が十分検討されるべきであり、場合によっては後者（特に、公平の原則）を優先すべきとした。

これらの諸原則等に基づいて課税所得は、構築されるべきであり、それに基づいて企業利益との調整を図るべきと考えた。この場合、企業利益との関係については、前述の包括的所得概念と企業会計上の利益概念との間には共通性が多いところであり、公正の諸原則や税務行政上の諸原則を考慮した場合には、課税所得計算と企業利益計算との共通事項について、それらの調整が図られて然るべきである。このような考え方を前提とした、資本と剰余金の区分、減価償却資産、棚卸資産、役員報酬、各種引当金等の各共通事項について、具体的な調整方法を提言することとした。

以上のように、自分としては納得できる論文をまとめたつもりであるが、それが大部となったため、税務大学校側から、「君一人のために税務大学校論叢を一冊発行することはできない」と言われて、日の目を見ることはなかった。また、無名の私の論文を出版してくれる出版社も見当たらなかった。その後、私の別の原稿が税務研究会の出版部長の目に留まり、それが縁で、同研究会から、脱稿後8年過ぎた昭和57年に、「課税所得と企業利益」として出版することができた。そして、日税研究賞も受賞することになった。

ところで、法人税制については、平成に入って、政府税制調査会等で、「国際間の調整を図るためには、課税ベースの拡大と法人税率の引下げが必要である」旨の提言が相次ぎ、それらを受けての改正は、企業利益との調整を困難にして、実務も混乱しているようである。

20　信義則の適用要件

「課税所得と企業利益」が税務大学校論叢に掲載されなくなったので、次のテーマを考えた。国税調査官時代、税法の解釈等について、納税者側との質疑も多かった。当時、自分の見解が間違っていたときに、どのような責任問題が生じるかを考えていたこともある。このような問題は、税務署（税務職員）と納税者間では、日常茶飯事的に生じることである。

そこで、民法1条2項に定められている「権利の行使及び義務の履行は、信義に従い誠実に行わなければならない」とする信義誠実の原則（信義則）が、租税法上どのように適用されるのかについて検討することにした。関連する多くの文献を調べてみると、中には、「租税法律主義における合法性の原則が強く作用する租税法の下では、信義則の適用はなじまない」とする説も見られたが、どうも少数説のようであった。一般的（多数説）には、「信義則は、法一般の基本原則であるから、租税法においても適用されるべきである。ただし、租税法の下では、合法性の原則が作用するから、その適用には自ら制限があるが、適用要件については、今後の学説・判例の発展に委ねられる」と説明されていた。

ならば、若気の至りもあり、自分がその適用要件をまとめて世に問おうと考えた。そう考えされられたのも、国税調査官時代の納税者側との税法の解釈をめぐるやり取りの経験があったからに他ならない。当時、税法における信義則の適用に関して、最も問題視されていた判決に、東京地裁昭和40年5月26日判決と東京高裁昭和41年6月6日判決があった。両判決の事案では、都内のT税務事務所長が、各種学校の教育施設である土地及び建物につき、一旦は、固定資産税の非課税通知書を送付したものの、それが誤りであったということで、8年後になって5年間遡って固定資産税の賦課決定をしたというものであった。そして、一審の東京地裁判決は、信義則の適用を認め、当該賦課決定を取り消したが、控訴審の東京高裁判決は、信義則の適用を否定し、当該賦課決定を適法と認めた（その後、上告審では和解が成立し、実質的には納税者側が勝訴したと聞いている）。

その他、関係する多くの学説、裁判例を参考にしながら、租税法における信義則の適用要件を次のようにまとめることにした。

① 税務官庁が納税者に対し信頼の対象となる公的見解を表示したこと

② 納税者がその表示を信頼し、その信頼過程において責められるべき事由を有しないこと

③ 納税者がその信頼に基づき何らかの行為をしたこと

④ 税務官庁が当初の信頼の対象となる公的見解の表示に反する行政処分をしたこと

⑤ 納税者がその行政処分により救済に価する経済的不利益を被ったこと

そして、これらの適用要件については、具体的な事案を想定して、その中で、個別に論証を試みた。その検討において、最も考えたのは、①の案件の「公的見解」の範囲についてであった。頭の中には、前述した東京地裁判決の事例があったが、都の税務事務所長が文書で回答したものについては、当然に「公的見解」に入ると

考えていた。また、税務署の場合、統括調査官以上の者が公的な立場で回答している場合には、「公的見解」に含まれるとし、その回答方法は、文書又は口頭であるとは問わないとした。したがって、税務調査等において、担当調査官が回答している場合には、「公的見解」に当たらないとした。

この論文は、「税法における信義則の適用について—その法的根拠と適用要件—」と題し、税務大学校論叢8号に掲載されることになった。

その後、この適用要件については、法務省租税訟務課において、国側の証拠として活用していただき、最終的には、最高裁昭和62年10月30日第三小法廷判決において、ほぼ採用されることになった。そして、この最高裁判決は、その後の判例法として機能している。その点では、「18」の「課税の論理」で述べた租税理論研究室で勤務する者の役割を果たしたことになる。

21　増差所得10倍

昭和49年7月、助教授2年目に備えて準備をしていたとき、急遽、広島国税局三次税務署長配置換えの内示があった。内示後、1週間足らずで赴任するということで、極めて慌ただしい日々を過ごした。三次税務署は、広島県北端にあり、総勢19名の調査部門制署（すべての税目を一つの調査部門で統括）であった。税務署長は、税務行政の前線基地の責任者であるだけに、その責任の重さで緊張していた。着任して、すぐに、管内で最も優秀であると聞かされていたH税理士の来訪を受けた。お互いのあいさつもそこそこにH税理士が本題に入った。いわく、「最近の税務署は、最も重要であるはずの税務調査を疎かにしている。これでは、よい申告も悪い申告も一緒にされ、適正申告ができなくなり、税務署の信頼を失うことになる」旨のご意見であった。

いきなり厳しい先制パンチを食らうことになるとは考えてもいなかっただけに、

「ご高説はよく承りました。実態を早急に調べた上で、対策を考えてまいります」というのが精いっぱいで、ご丁重にお引き取りいただいた。早速、総務課長、統括官をはじめ、調査官等の各意見を聞くことにした。どうやら、H税理士が指摘した問題は税務署の運営体制から来るようだった。

当時の調査部門制署の運営方針は、国税局の方針によるもので、小規模署という ことで、所得税の確定申告等を中心に全部門一体となって実施し、余力があれば全員協力して調査すればよいとするものであった。そのため、それぞれの調査官の専門性は一切無視されていた。そして、重要な調査事案については、国税局資料調査課か広域担当の広島東税務署が担当することになっていた。要は、小さい署は、窓口事務を中心にすればよい、とするものであった。これでは、調査官の士気も上がらず、H税理士が指摘する事態になることもやむを得ないものと考えられた。

そこで、私は、この運営体制を変更することとし、まず、内部事務の合理化を図り、納税者に対する各種説明会はすべて私が引き受けることとし、調査日数を可能な限り増加させた。そして、調査担当は、原則として、それぞれの税目の専門家が当たることとし、特に、調査技術を要する法人税の調査を重視した。また、統括官が間税出身であるということなので、調査案件は私が選別することとし、調査の復命は署長室で統括官同席のもとに実施した。このため、私は、所得税、資産税の申告案件約5000件、法人税案件約1000件とそれらの関係資料すべてに目を通し、調査対象案件を抽出した。さらに、国税局資料調査課や広島東税務署の人たちに対しては、特殊な困難事案を調査してもらうことにした。彼らは、これまで自分たちで増差が出やすい事案を選定していたので苦笑していた。

調査の進行過程で、調査官から復命を受け、その状況に応じて、次の調査方法を指示することにした。このようなことは、関東信越国税局の国税調査官3年間の経験が役立ったことは言うまでもない。そのうち、復命段階において、調査官の目がだんだん輝くようになってきた。これは、うまく行きそうだと、私も自信を深めることとなった。また、若い職員が多かったので、土曜日の午後には、簿記や法人税の講義を行い、彼らの調査能力を高めることとした。その結果、調査件数は、前年の2倍強となり、増差所得は10倍を超えた。実に、広島国税局10余署の調査部門制署の増差所得の大半を占めることになった。その結果、職員の多くが、税務署に入ってこれほど楽しく仕事ができたのは初めてであると、よく応えてくれた。また、その統括官は、その後、税理士を開業することになったが、この1年間が税理士業務に大変役に立ったと言ってくれ、その後も長い間交際が続いた。

私は、このような職員の実績を盾に、国税局人事課長と交渉し、職員の処遇改善に努めた。私は、人事課長に対し、それぞれの職員の努力の成果が数字に表れていることを説明して、それぞれの希望を叶えさせるようにした。人事課長は、真の立役者が誰であるかを薄々気付きながら、私の要求に応えてくれた。私も、その人事課長に今でも感謝している。

22　幻の市長選

税務署長の1年間は、何も税務調査に没頭していたわけではなく、地域社会において税務の重要性を理解していただくように、できる限りのことはしたつもりである。かねて、社会における租税教育の重要性を認識していたので、手始めに管内にある三つの高校を訪ねた。最初の進学校である普通高校では、担当の先生から、「我が校では、受験指導に集中しているので、余計な授業を組む余裕はない。特に、租税については、差別問題にかかわるのでお断りする」とけんもほろろであった。ようやく、工業高校で「期末試験が終わった後に少し時間があるからやってもらってもよい」ということで、そこで、何とか「租税教室」をやらせていただいた。

私は、「10」でも述べたように、理想的な申告納税制度を確立するためには、学校教育のカリキュラムに組み込む等体系的な租税教育の必要性を考えてきたが、現場で実際に取り組んでみて、厳しい現実の実態（無理解）を思い知らされることとなった。それにしても、霞が関のエリートたちも、高校時代（進学校）にはこのような教育を受けて来たのかと思うと、理想と現実のギャップを嫌でも考えざるを得なかった。

他方、協力団体等との交流は順調に進んだ。協力団体等が主催する講演会等には積極的に出席するように努めた。また、商工会議所が主催していた夜間の経理学校では、法人税法の講義もした。当時、三次市は、元々、北備地方の商業の中心地であったが、新たな問題も生じていた。それは、かつては、三次地区の商店街が中心であったが、新興の十日市地区にショッピング・センターができたということで、人の流れや売上動向が変化していたようである。しかし、その実態が分からないということで、商工会議所の幹部から、税務署の申告状況等からそれを調査することができないかという相談があった。

このような問題は、税務行政とは直接関係がないことで、最初は断ろうと考えていたが、地元との協力関係の向上に役立つとも考えた。そして、税務調査のために、個人と法人の申告状況を検討しているので、それを売上中心に数年分を整理すればできないことはないと考えて、それらのデータを取りまとめることにした。そのデータにより、売上の動向とその変化が分かったので、それを提供することにした。もちろん、特定の納税者のデータではないので、守秘義務に反することはないと考えたが、商工会議所に対しては、データ元を明らかにしないよう強く念を押した。

そのようなこともあって、経済団体との信頼関係も深まった。そして、着任の翌年5月に入って三次市の市長が急逝した。そのことは、本来であれば、私がかかわることではなかったはずであるが、数日後、商工会議所の会頭の来訪を受けた。その用件は、「今度の市長選に立候補していただきたい。市長を1期または2期務めたら国政に進出することも可能である。仮に市長選に敗れることがあっても、この地で税理士を開業していただけたら、顧問先はいくつでも引き受ける」ということであった。まったく思いもかけない申し出であった。しかし、私の1年近い税務署長としての実績を高く評価していただいたことに、大変ありがたく思った。

元々、少年時代から、政治家になることは夢ではあった。政治家になれたら、貧しい社会（国）を変えることができるとも考えていた。そのチャンスが思いもしなかったところから転がり込んで来たのである。しかし、私は、その会頭の申し出に即答できなかった。会頭に対しては、「大変光栄なことです。三次は、新潟の郷里に似ているところもあるので愛着はあります。しかし、あまりにも突然なことなので、2～3日考えさせてください」と話すのがいっぱいで、丁寧にお引き取りいただいた。

家に帰って妻にも話したが、「お父さんのお好きなように」と言って、あまり真剣には受け止めてくれなかった。結局、税務の仕事への未練が勝ったのか？　丁重にお断りをすることにした。この幻の市長選は、私と会頭の二人の胸に納まった。その後、時々思い出して「あのとき、市長選に出ていたら…」と思うことはある。

23　通則法をマスター

昭和50年7月、税務署長の1年間は、あっという間に過ぎ去った。内示の日、国税局総務部長から、「僕も、君の異動には驚いているが、行き先は、東京国税不服審判所国税副審判官である」との内示を受けた。内示をする方が驚くぐらいであるから、受ける方はなお驚いた。形の上では、2階級格下げの異動であるとも言えた。早くも、2頭目の「塞翁が馬」に巡り合えたことになる。しかし、ショックは小さかった。「東京に戻ったら、また良いこともあるであろう」と考えることにした。

東京国税不服審判所では、法規審査部に所属することになった。当時、審判所制度ができて5年くらいしか過ぎていなかったから、制度の構築中であり、今と違って、事件数も多かった。着任したときには、すでに未済案件が数十件ロッカーに溜まっていた。法規審査部の仕事は、各部が作成した議決書を審査請求人に通知することになる裁決書に書き替えることであった。したがって、議決書のできが良ければ、そのまま裁決書に書き替えれば済む話ではある。しかし、そこには、種々の問題があり、簡単には行かないことが段々と分かってきた。そして、それらを円滑に処理するには、相当の税法に対する知識力と文章力を要することになる。

特に、国税不服審判所の組織、運営等の基本規定は、国税通則法に定められているので、それらの関係条項の理解が不可欠であった。それらの勉強をしながら、せっかくの機会であるから、国税通則法を徹底的に勉強してみようと思った。その時、「5」でも触れたように、昭和37年に国税通則法が制定されて以降、同法が国税徴収法の関連法規であるかのように扱われてきた悪しき慣行を破れればと思った。

幸い、法規審査部には、国税通則法制定当時、国税庁側の担当窓口の係長を務めたS審判官がおられた。そこで、私は、国税通則法を第1条から逐条的に勉強することにした。参考文献には、立法担当者が解説をした「国税通則法精解」（大蔵財務協会）があったが、それでも分からないところは、S審判官に質問した。S審判官は快く応じてくれて、時には、2人で議論することもあった。おかげで、国税通則法が何たるかの全体像を掌握することができた。この経験は、国税不服審判所勤務となった最大の成果であった。

その後、国税通則法については、税務大学校教育2部長時代に、当時の専科研修において自ら講義をしたこともあるし、大学教官になってからは、大学院で「租税手続法」の講義を設けて国税通則法と関連法規の講義をし、筑波大学、早稲田大学及び慶応義塾大学の各大学院で、「租税手続・争訟法」と題し、国税通則法を中心に講義を重ねた。さらには、税務大学校では、「租税理論研修」において、10数年にわたって国税通則法の講義を行い、日本租税研究協会でも、15回にわたって講義を重ねた。

その成果については、「国税通則法講義」（日本租税研究協会）、「国税通則法の理論と実務」（ぎょうせい）、「現代税制の現状と課題―租税手続編―」（新日本法規）及び「附帯税の事例研究」（財経詳報社）の4冊にまとめることができた。

その他、国税不服審判所については、いろいろと考えさせられるところはある。その存在・機能は、法律的には、原処分の最終決定機関であり、その審理は、職権主義に基づいている。このことと、対外向けの「第三者機関である」とのバランスの取り方が問題となる。その中で、当時、「取消し審判官」と異名を誇る猛者がいた。彼は、「文章は下手だが、調査はめっぽう強い」ことを売り物に、「審査請求人も叩けば埃が出るはずだ」と称し、職権主義を盾に、徹底した税務調査のやり直しを行っていた。その結果、争点とは別の不正申告が発覚し、審査請求人は審査請求を取り下げることとなり、議決書を書くこともなく「一件落着」とした。このような事務処理は、決して褒められることではないが、法制度の下では可能であるし、国税不服審判所のあり方に一石を投じることにもなる。

24 翻訳は国語力

昭和50年9月、変則的ではあったが、大蔵省大臣官房調査企画課外国調査室課長補佐へ配置換えとなった。このポストは、同期のEさんに発令されたものであったが、彼が急逝したため空きポストとなっていた。再び、国際関係の仕事をすることになった。本省の外国調査室には、1期先輩のMさんが着任しており、何かと彼から教わることになった。仕事は、毎日、外国の新聞、経済誌等を読み、重要なものを翻訳し、省内の関係者に配布し、外国調査室が発刊していた「調査月報」の原稿を書くことであった。私の担当地域は、ヨーロッパであった。中には、租税関係の情報もあったが、私にとっては、全く新分野の仕事であった。

最初は、辞書に忠実に翻訳していたが、Mさんから、一言、「品川、翻訳は国語力だよ」という忠告があった。この一言に、私はハッとさせられた。確かに、日本語として分かりにくい翻訳を読まされている身になれば、その資料価値はないに等しいことになる。その後、この言葉を胸に翻訳に努めることにした。この「国語力」は、その後、国税庁で通達作成に当たっても、大学に移って論文指導する場合等にも、いつも思い出して、自分の「国語力」の強化に努めるようにしている。

担当していたヨーロッパ経済の中で一番関心があったのは、イギリス経済であった。イギリスは、かつては「太陽の沈まぬ国」(世界中に領土を有している)と言われるほど栄華を誇っていた。しかし、昭和50年代には、「イギリス病」と称される如く、凋落の一途をたどることになった。そのイギリス経済の動向を日々調査し、情報資料として取りまとめるに当たって、いろいろと考えさせられるところがあった。特に、当時は、日本の経済が高度経済成長の中で隆盛を誇っていただけに、イギリス経済が異次元の世界であるかのように感じられた。そして、この「イギリス病」は、サッチャー首相が現れるまで続くことになった。

ところで、我が国は、昭和の末期ごろまでは、「ジャパン・アズ・ナンバーワン」と称される如く、経済の隆盛を誇っていたが、バブル経済崩壊後、その面影がすっかり失せてきた。そして、経済成長力がＯＥＣＤ諸国の最下位になっても、かつての栄華の夢から覚めることはなかった。しかし、その夢は、コロナ禍によって覚まされた。コロナ禍の中で、「マスク1枚買えない」「かつて世界をリードしていた半導体が製造できない」「国産ワクチンはいつまで待ってもできない」等々、かつては、世界に冠たる工業国が無惨な姿を現すことになった。そして、あわてて、「経済安全保障」なる言葉が飛び出すことになったが先行きは明るくない。まさに、「イギリス病」に代わる「日本病」である。その原因は、いろいろあるが、かつての高度経済成長を支えた世代からみると、一言で言えば、「生まない」「働かない」「学ばない」の3「ない」に尽きる。原因が分かれば、治療すれば良いのであるが、恐らく多くの国民がその原因を知ろうともしないしその治療を望まないことに「病」の深刻さがある。

次に、外国調査室勤務中に、自身の進路について大きな問題が起きた。国税庁審理課時代、係長であったIさんから、大学教官への誘いがあった。係長時代、私は、Iさんからかわいがられていたし、法人税法の優れた理論家であったので尊敬していた。彼は国税審判官を最後に、大層請われて日本大学の教授になっていった。彼は、私の経歴をよく存じていて、同情もしてくれていた。彼からは、「君が役所でどんなに頑張っても、学歴で差別される。今、大学に移ったら、好きなところに留学もできるし、学者としても大成できる」と仰っていただいた。そのお言葉が、私のことを親身に考えていただいていることが分かるだけに、本当にありがたかった。

私はずいぶん悩んだ。公務員宿舎を出たときの住み家まで考えた。妻にも相談した。妻は、「好きなように」とは言ったが、税務大学校助教授になったときのように「勉強ができるわよ」とは言わなかった。結局、「国税庁という大きな組織の中で、自分が正しいと考えていることを少しでも実行してみたい」という夢が捨て切れず、お断りすることにした。

25　特別の事情（総則6項）

昭和53年7月、国税庁直税部審理課付法務省訟務局租税訟務課課長補佐となり、昭和55年7月、国税庁直税部審理課課長補佐（総括、訴訟担当）となった。この4年間は、課税関係の訴訟事務が中心となったので、訴訟事件を中心に論じることとする。

まず、法務省に着任して2か月後、東京地裁昭和53年9月27日判決があった。この事件では、相続開始時に売買途上にあった市街化農地につき、納税者が路線価に基づき２０１８万円余と評価して相続税を申告したところ、税務署長は、相続開始2週間後に所有権移転登記と残代金の完済がされることを理由に、その相続財産を受領済み現金と残代金であるとして総額４５３９万円余（売買代金）とする課税処分をした。これに対し、前掲東京地裁判決は、相続開始時には当該農地の所有権は留保されているから相続財産は当該農地であるとして、当該課税処分を取り消した。

当時、国税庁は、事実認定で農地であるとされた以上争えないから、控訴はしない旨伝えてきた。Ｆ課長から、「品川はどう思う?」と尋ねられたので、「相続財産が農地であるにしても、相続後間もなく所有権が移転し、売買代金が完済されるという『特別の事情』がある場合には、当該農地の『時価』を当該売買代金で評価すれば良いのであって、それが相続税法22条にいう『時価』すなわち客観的交換価値によることになる。現に、評価通達の総則６項には、「著しく不適当」な場合には、評価通達の定め（路線価）によって評価しないで個別に評価する旨定めている」と答えた。

Ｆ課長は、「それは面白い、国税庁が準備書面を書かないと言っているから、まず、君が控訴理由と準備書面を書いてみなさい」と言われた。私自身、当時の「相続税財産評価に関する基本通達」（平成3年に「財産評価基本通達」に改称）を読むのは初めてであったが、言い出した以上引っ込みがつかなくなり、「分かりました」と答えざるを得なかった。私は、慌てて財産評価の勉強を始めた。当時、このような問題を論じている文献はほとんどなかったので、かえって勉強時間は少なくて済んだのかもしれない。幸い、評価論については、不動産鑑定士の受験で、相応に身に付けていたので、それらを踏まえて、控訴理由書を取りまとめ、F課長と担当検事に提出した。お二人とも「これは面白い」と言って、法務省の判断で控訴することにした。

前述のように、私は、昭和55年7月には国税庁の審理課に戻ったが、その翌年の1月28日に東京高裁は、原判決を取り消し、請求を棄却するという劇的な判決を下した。その理由は、概ね、私がまとめた控訴理由と準備書面によるもので、当該事案のような「特別の事情」があれば、評価通達の定めによらなくとも平等原則に反しないというものであった。しかし、この判決については、当時の国税庁では歓迎されず、「品川が余計なことをした」と、かえって非難された。また、租税法学界でも、この判決は「平等原則に反する」旨の批判があった。

そのためか、上告審の最高裁昭和61年12月5日判決は、原審の判断を結論において正当と認めたものの、当該相続財産が、当該土地ではなく、受領した現金と売買残代金債権であると認定した。

その後、私は、昭和63年７月に、国税庁直税資産評価企画官に就いたとき、評価通達が定める評価額と取引価額の乖離を利用した節税策が横行していたため、それを防ぐには、前掲東京高裁判決のように、評価額の２本立てしかないと考えて、個別通達を発遣することを企画した。それが後記「35」のように通達化した頃から、総則６項を適用した課税処分が行われるようになり、下級審段階では、「特別の事情」を認めて、当該課税処分を適法にするようになったが、最高裁判所が明確な判断を示すことはなかった。

そして、遂に、最高裁令和４年４月19日判決は、下級審が「特別の事情」を認めた事案につき、原審の判断をオーソライズする理由を明らかにしたところである。実に、東京高裁が初めて「特別の事情」を認めてから40余年が経過したが、私自身、感慨深いものがある。右の判決については、追って詳しく述べることとする（後記「64」参照）。

26　逆推計

昭和40年代から50年代にかけての争訟事件の多くは、推計課税の違法性を争うものであった。推計課税は、通常、推計の必要性と合理性が認められれば、当該処分の適法性が認められることになる。しかし、このような推計課税をめぐる争訟は、反税闘争の一環として行われる場合が多いので、そのような単純なことで済むことは少ない。納税者側は、まず、調査段階から、帳簿は見せない、調査には協力しない等の嫌がらせをして、推計課税をせざるを得ないようにしておき、訴訟段階になると、所得金額の基となる証拠を提出して（いわゆる実額反証）、課税処分の違法性を主張する場合が多かった。

その場合にも、その実額反証を納税者側からみて、より効果的な方法が採られることになる。例えば、納税者が下請業者の場合、税務署長は、通常、納税者の取引先を調査して売上金額（1億円）を計算し、それを基に、当該業種の同業者の経費率（80％）によって経費の額を計算して、所得金額を2000万円と推計する。その場合、納税者は、最初は当該売上金額を争うが、後に同意すると、裁判官が、売上金額は当事者間に争いがないということで確定させる。すると、納税者が経費の額が1億円あるという証拠物件を提出して、当該課税処分の違法性を主張することになる（これを「後出しじゃんけん」と称する）。裁判官としては、売上金額も経費の額もそれぞれ実額が1億円となった以上、当該課税処分を取り消さざるを得なくなる。

このような不誠実な納税者を利するようなことは許されないということで、当時、そのような実額反証は信義則に反するから認めるべきではない、そのような実額主張については民事訴訟法157条に定める時機に後れた攻撃防御方法として却下すべきである——等が検討されたが、いずれも決め手を欠いていた。そこで、私の税務調査の経験からみて、前述の取引先を調査して把握した1億円は真実の売上ではなく、その一部であることが多い（それぞれの納税者の全ての売上金額を把握することは極めて困難）ので、経費の額が1億円であることが真実であるというのであれば、当該経費の額を基にして、同業者の経費率80％を適用すると、真実の売上金額が1億２５００万円になると推計して、所得金額はそれぞれの差額の２５００万円となるから、当該課税処分は適法である旨主張することができないか、と考えた。これを逆推計と称して、被告の予備的主張として、採用してもらったことがある。この逆推計を認めてくれたのが、大阪地裁昭和56年10月9日判決及び大阪高裁昭和57年12月23日判決であった。しかし、このような逆推計も、被告側の主張・立証の手法として、主流になることはなかった。

結局、このような後出しじゃんけん的な実額主張については、推計課税の規定を定める所得税法１５６条及び法人税法１３１条にそれぞれ2項設け、「前項に定める推計課税に必要性と合理性が認められれば、実額推計による所得金額を真実の所得金額とみなす」旨の規定を設け、実質的に納税者側に立証責任を転嫁するしかない、と考えていた。

その後、この問題は、税制調査会等でも取り上げられ、昭和59年度税制改正において国税通則法１１６条の改正となった。同条は、原告が行うべき証拠の申出について定め、原告がそれに従わなければ、時機に後れた攻撃防御方法とみなす、というものである。しかし、当該規定が訓示的なものに止まっているのか、その後、税務訴訟において有効に機能しているとはあまり聞かない。

かくして、このような所得金額の計算に必要な経費の秘匿については、税務調査の段階でも弊害が多いということで、令和4年度税制改正において、所得税法45条及び法人税法55条の改正が行われ、隠蔽仮装行為に基づき確定申告書を提出していた場合等における所定の簿外経費の必要経費又は損金の不算入を定めている。この改正については、あまり関心を呼んではいないようであるが、前述の推計課税との関係、立証責任との関係、前記各条項に定める他の経費との関係等において問題を有しているので、今後、議論を呼ぶものと考えられる。

27 借入金利子

法務省2年目に思わぬ判決があった。東京高裁昭和54年6月26日判決が、居宅の新築を意図して一部借入金でもって取得した宅地をその取得後約3年を経過して居宅を建築しないまま（空き地のまま）譲渡した場合、当該借入金の利子が当該宅地の取得費に当たるか否かが争われた事案につき、裁判例としては初めて当該借入金が取得費に当たると判断した。

それまでは、原審の東京地裁昭和52年8月10日判決をはじめ、10数件の判決が、借入金で取得した土地や空き地のまま譲渡した場合には、当該借入金利子は取得費に当たらない、と判断していた。その理由は、国税庁の取扱いがそうなっていて、その取扱いどおりに課税処分が行われているからである、という。ならば、当該借入金利子は、どの所得（収入金額）から控除すべきかということになると、税務大学校助教授時代にも議論したことがあるが、資産税の担当教授によると、「インピユーテッドインカムから控除すべきである」ということになる。すなわち、地球上に自分の土地があるという「喜び」というインピューテッドインカムから控除すべきである、というのである。そして、この理論が多くの裁判官を納得させてきたことになる。

ところが、前掲の東京高裁判決は、「資産の取得に要した相当額の対価の支払いがその取得との間に相当因果関係がある場合には当該対価を「資産の取得に要した金額」に含めるべきであると解すべきである」とし、当該借入金利子の支払いと当該宅地の取得との間に相当因果関係が認められるとして、原判決を一部取り消した。

この問題は、所得税法38条1項に定める取得費に該当するための「その資産の取得に要した金額」の解釈に関わることであり、単純に解釈すれば、その資産の取得後の所有中に発生する借入金利子は取得費に該当しないようにも読めることになる。当時の租税訟務課では、インピューテッドインカム論はともかくとして、今まで10数件国が勝訴しているのであるから、国税庁は、前掲東京高裁判決についても上告を依頼して来るであろうと待ち構えていた。ところが、国税庁からは、「上告を断念し、通達を変更する」との返事が届いた。その通達は、現行の38―8の所得税基本通達になっている。

この事件に関しては、最近、二つの問題について考えさせられている。一つは、インピューテッドインカム論について、近年、働く女性から、所得税法上の配偶者控除の廃止論を聞かされるが、その論拠の一つに、「結婚している（配偶者がいる）という喜び（インピューテッドインカム）から控除すべきである」というのがある。元々、昭和36年に配偶者控除が設けられたのは、事業所得者の専従者控除に対応して、サラリーマン世帯の「内助の功」に報いようとしたものであるが、そのインピューテッドインカム論からすると、事業所得者の配偶者についても専従者控除は必要ないことになる。

もう一つは、先日の日本経済新聞の報道によると、野村證券が、顧客からの手数料体系を、株式、債券投資信託等の売り買いするごとの手数料からそれら証券の残高に応じた手数料（レベルフィー）に変更し始めたという。それによって、証券売買において損失が生じても手数料を支払わなければならない、という抵抗感をなくす、ことが期待されている。問題は、このようなレベルフィーの税務上の取扱いである。

証券売買から得られる所得の区分は、その売買の態様に応じて、事業所得、雑所得又は譲渡所得に分けられる。事業所得及び雑所得については、レベルフィーであっても、それぞれの必要経費に算入することに問題はないものと考えられている。問題は、譲渡所得である。譲渡所得は、その総収入金額から、「資産の取得費及びその資産の譲渡に要した費用の合計額」を控除して計算される。そうなると、レベルフィーは、「譲渡に要した費用」とは言えないが、前掲の東京高裁昭和54年6月26日判決がいう相当因果関係論からすると、当該事案の借入金利子と同様、当該証券の「取得費」として控除できるものと考えられる。

28　退職所得の意義

法務省時代に関わった事件の中で、現在の仕事にも関わるものに、「退職所得」の意義を争った事件がある。当時、短期退職制度といって、労使合意の下で、5年ごとに「退職」したことにして退職金を支払い、又は10年ごとに「退職」したことにして退職金を支払い、その支払の後も雇用関係が継続するとした場合に、当該退職金が所得税法30条に定める「退職所得」に該当するか否かが争われていた。法務省在職中は、5年退職金については、すでに、東京地裁昭和51年10月6日判決及び東京高裁昭和53年3月28日判決が、「退職所得」には当たらないとして、「給与所得」に当たるとした源泉所得税の納税告知処分等を適法と認め、上告審で争われていた。

私が直接関与したのは、10年退職金についてである。この事件については、すでに、大阪地裁昭和52年2月25日判決が、「退職所得」に当たるとして、当該納税告知処分を取り消していたので、控訴審判決の行方が注目されていた。そして、大阪高等裁判所は、暮れの昭和53年12月25日に、やはり、当該退職金は「退職所得」に当たるとして、国側の控訴を退けた。結果として、東京と大阪では、このような短期退職制度に係る退職金の退職所得該当性について結論を異にしたことになる。

その判決当時の租税訟務課の中では、5年はともかく10年ごとの退職金は「退職所得」でもよいのではないか、という雰囲気もあった。しかし、この大阪高裁判決を上告しておかないと、すでに最高裁判所で審理されている5年退職金についても影響するのではないかということで、上告が決まった。このように、やや気が引けたような上告だけに、上告理由書も期限ぎりぎりまでまとまらず、最後には、とうとう関係者で徹夜することになった。法務省で徹夜したのは、これが唯一であった。

その後、10年退職金事件については、最高裁判所で弁論が再開されることになったので、国がいずれの事件も勝訴することが見込まれた。結果は、5年退職金に係る最高裁昭和58年9月9日第二小法廷判決及び10年退職金に係る最高裁昭和58年12月6日第三小法廷判決とも、いずれの退職金も退職給与に当たらないと判示した。

両判決とも、退職所得に当たるためには、「(1)退職すなわち勤務関係の終了という事実によってはじめて給付されること、(2)従来の継続的な勤務に対する報奨ないしその間の労務の対価の一部の後払いの性質を有すること、(3)一時金として支払われること」の要件を備える必要があるとした。また、退職所得として扱われる「これらの性質を有する給与」に当たるためには、形式的には右の各要件の全てを備えていなくても、実質的にみてこれらの要件の要求するところに適合し、課税上、右「退職により一時に受ける給与」と同一に取り扱うことを相当とするものであること」と判示した。

このような退職所得の意義については、所得税法だけではなく、法人税法34条にいう役員に対する「退職給与」の解釈においても重要である。特に、役員については、いわゆる分掌変更等の段階で退職金が支払われる場合が多いので、「退職所得」又は「退職給与」の該非が問題となる。そのため、両税とも、前掲最高裁判決の考え方に沿った取扱いを定めている(所基通30—2、法基通9—2—32等)。

特に、法人税については「退職給与」の該非の問題だけではなく、損金計上時期との関係でその支払時期（損金計上時期）が重要な問題となる。そして、それらは、資産承継又は事業承継において、当該退職給与の支払がその会社の株式の評価にも関わることになるので、支払会社側にも慎重な対応が求められることになる。この場合、法人税法が「役員」の範囲に代表取締役等の役職名にかかわらず、「法人の経営に従事している者」も含めているがゆえに、創業者の場合、代表取締役を辞して退職金の支給を受けても、自分が「社長」であるかのように真面目（？）に出勤していると、せっかく支払った退職金も損金の額に算入されないことがあるので、注意が必要である。

29 否認事件

昭和57年7月、金沢国税局調査査察部長勤務となった。国税局の部長のうち一度経験したいと思っていたので、期するところがあった。発令後すぐ、査察課から話があると言われた。話の内容は、「金沢局のみ第1四半期が終わっても1件も立件がない。富山の検察庁との間で揉め事がある」とのことであった。着任後、すぐに実情を確認した。

検察庁の件は、国税庁から「前年度の告発件数を前々年度と同じにするために最後の1件を前年に達していない金沢局で告発するように」という指示があり、否認事件（容疑者が脱税の犯意を認めていない事件）を検察庁の同意を得ずに、告発したため、先方が怒っているというのであった。すぐに、着任のあいさつに伺うことにしたが、統括官から「我々は出入りが禁じられているから、部長1人で行ってくれ」と言われた。門前払いを覚悟して、富山地方検察庁に伺ったが、新任のあいさつということで、検事正にもお会いすることができた。検事正からは「君には責任のないことだが、今後このようなことが起こらないように」と思いのほか穏やかな対応であった。

しかし、着任早々、査察における「否認事件」とは何か、1件を処理することの重み、検察当局との協力関係の重要性を思い知らされることになった。特に、否認事件については、2年間で金沢国税局では過去最高の11件立件（ガサ入れ）することになったが、それらの1件ごとに最重要問題として考えざるを得なかった。また、第1四半期に1件も立件できなかったことについては、小局では、やむを得ないことであるので、職員には「時機を待とう」と話した。

金沢局の査察部門は、当時、総勢16名の査察官によって構成されていた。査察のガサ入れには、少なくても50名の査察官が必要になるので、ガサ入れの時には、税務署の調査官30名程度を臨時の査察官として発令し、直前に宿屋に泊まり込みで数時間の研修を行い、本番に突入するという慌ただしいものであった。着任後の第1号事件は、8月に入ってようやく候補が見つかった。しかし、その候補がなんと税務署の嘱託医であるという。さすがに、躊躇するものがあったが、種々検討の上、決行することにした。そのときには、ガサ入れ後すぐに署長に事情を説明したが、その署長からは相当厳しく責められることになった。このとき、初めて、同じ国税職員であっても、査察は、「特殊部隊」であることを知ることになった。

ところで、私は、査察のガサ入れのときには、必ず現地にいることにした。そして、ガサ入れの日は、必ず徹夜になることになった。その最大の原因は、冒頭に述べたような否認事件にならないように、脱税容疑者がガサ入れで最もショックを受けたときに、脱税の犯意を認めさせる必要があったからである。また、その法的根拠については、当時の国税犯則取締法に「日没前ヨリ開始シタル臨検、捜索又ハ差押ニシテ必要アル場合、日没後迄之ヲ継続スルコトヲ得」の定めがあったことによる。

もっとも、このような徹夜になる査察調査は、容疑者にとって過酷であるばかりではなく、査察官にとっても厳しい職務であることには変わりはない。そのため、管理者としては、査察官の健康管理には十分気を付けてきたつもりである。しかし、昭和58年度全国一番となった脱漏所得20数億円となった大型事件を処理したときは、査察部門全員、元旦以外、6か月間無休の仕事を続けたことがあるが、最後に、30代の査察官が1人軽い脳溢血で倒れたことがある。そのときは、私もショックであったが、その後、無事回復し、定年退職後は税理士になっている。今でも、彼から年賀状をいただくと、当時のことが思い出される。ともあれ、この大型事件の処理については、その処理が模範になるということで、地元の検事正及び国税庁長官から表彰を受けることになった。

他にも、2年間の査察の仕事について語りたいことは多くあるが、どの事件についても、否認事件にならないように苦労し、1件処理することの重みを感じたことは、今でも忘れることはない。それは、税務行政における査察の重要性を意味することにほかならない。

30 知・根・勘・格

金沢の2年間は、査察だけではなく、調査部門の仕事にもいろいろの思い出がある。金沢局が小局であることが幸いし、調査部門の調査についても、陣頭指揮を執る機会が多かった。そのため、国税調査官、税務署長及び調査査察部長の経験を通して、「税務調査」の真髄がなんであるかを会得した思いがする。それを言葉で表すと、知・根・勘・格に集約し得る。

「知」については、税法や通達の知識を有していることは当然であるが、その中でも、平成23年の国税通則法の改正によって、税務調査の調査手続が厳しく律せられているので、手続法に通じることが重要である。また、税務調査は、納税者との会話が不可欠であるから、社会的常識や調査対象の業種についての商慣習等の知識を身に付けておくことが望まれる。それに加え、調査技法を高めるためには、帳簿組織、製品、商品の製造工程、販売経路等を理解しておくことも求められるし、最近では、ＩＴ関係の知識も求められることになる。

「根」については、税務調査の目的が調査先の申告内容の真偽を確認するためであるとしても、その結果は、申告漏れの有無である。そうなると、調査官と納税者の関係は、「取る、取られる」の関係となり、「取ろう、取られまい」ということになる。そのため、調査官側には、相当の根気が求められることになる。私が国税調査官時代、先輩から「5時までは一通りの調査を済ませ、5時過ぎたら本気を出して調査をせよ、会社は、公務員は5時までしか仕事をしていないと考えているから、そこが付け目だ」と言われ、深夜帰宅したこともしばしばあった。このように、根気よく調査することについては、抵抗を感じる人もいるだろうが、税務調査の真髄の一つではある。

「勘」については、国税調査官時代、先輩の中で調査に優れている人は、調査先の選定や調査方法の展開において、優れた勘を働かしていることに感心させられたことがある。テレビ劇の「刑事コロンボ」を見ていると、犯人を追い詰めるに当たって、独特の勘を働かせていることがある。このような職業上の勘は、一朝一夕で身に付くものではなく、その仕事について、常に問題意識を持ち、根気よくそれを全うすることによって身に付くものと考えられる。その意味では、知・根・勘・格の中では、それを身に付けるには最も困難であると考えられる。私自身、3年間の国税調査官の経験では、その重要性についてはしばしば気付かされたものの、自分がそれを身に付けるためには時間が足りなかったものと考えている。

「格」については、最も難しい問題がある。税務調査は、調査官と納税者との「現金（お金）を取るか取られるか」をめぐる一つのドラマである。そこには、両者の様々な人間模様が繰り返されることになり、それぞれの人柄が写し出されることになる。特に、調査官は、調査の結果である申告漏れについて、納税者に対し修正申告をさせるよう説得する必要がある。そうなると、その調査官の人柄なり人格がその説得に大きな影響を及ぼすことになる。金沢国税局の時、査察に関しては、通常、子どもがいない登校後にガサ入れを行うのであるが、あるとき、たまたま1～2歳の幼児がいて、ガサ入れの異様な状況の中で、その子が大泣きしていたことがある。その家族も査察官も困惑していたとき、1人の若い査察官がその子を抱き上げてあやしたため事なきを得ることができた。その容疑者は、最初は脱税の犯意を認めようとしなかったが、2～3日後に観念し、本当のことを話すと言い出し、ついては、責任者（統括官）ではなく、ガサ入れの時、子どもをあやしてくれたあの若い査察官なら話す、と申し出てきた。それによって一件落着となったが、調査官の人柄（人格）がものをいう一つの例である、と今でも思い出すことがある。

現在では、税務調査を受ける立場になったが、後輩たちの調査のやり方に疑問を持つことが多い。特に、平成23年の国税通則法の改正以降、調査がやり難くなったことは理解できるが、納税者に対する説得等が理論ではなく権力的（威圧的）になっていることが憂慮される。「調査」は、権力に頼ると、かえって説得力を失うことに気付いてほしいものである。

31 脱税経費の損金性

昭和59年9月、最高裁判所に出向し、東京地方裁判所刑事部の調査官となった。仕事は、脱税事件について、裁判官の要請を受け、事実関係を詳細に検討し、税法上の解釈論点を取りまとめて報告することであり、引き続き脱税事件を担当することになった。

国税の職場も閉鎖的であったが、裁判所の方が一層閉鎖的であった。これは関係者の利害に囚われず、公平な判断が求められるためであるが、それだけ内部のコミュニケーションは密であった。

裁判所では、多くの脱税事件を担当したが、その中に脱税経費の損金性が大きな問題になったことがある。当時、すでに最高裁昭和43年11月13日大法廷判決が、商法違反となる株主優待金の損金性を否定しており、租税法学界でも、アメリカ税法において違法支出金の損金性を否定するという考え方がパブリック・ポリシー（公序の理論）として判例上確立されているということもあって、違法支出金の損金性を否定する見解は多かった。

しかし、国税当局は「別段の定めがなければ、純資産減少の原因となる一切の事実を損金と認める」旨の旧法人税基本通達の考え方に基づき、建設工事の談合金のような違法支出金についても交際費算入（損金）として取り扱うことを通達で明記していたし、いわゆる脱税経費についても、それが支出されている限り損金として処理することにしていた。

私が担当した事件では、不動産売買等を業とする会社が、架空造成費を計上するために、取引先に対し架空の見積書、請求書等を提出させ、その手数料として合計1900万円（脱税経費）を支払った場合に、その脱税経費が損金と認められるか否か、が問題となったものである。

しかし、従前の脱税事件の裁判例では、国税当局の見解と違って、このような経費の損金性を否認して犯則所得金額を計算してきたが、明確な論拠を示してこなかった。

そこで、裁判長から、この事件については、明確な論拠を示すことにしたいから、関連する法人税の所得金額の計算理論、関連裁判例の考え方、国税当局の考え方等を整理して報告書を取りまとめるよう、要請があった。私は、法人税の課税所得のあり方を従前から研究テーマにしていたので、ご期待に沿えるような報告書を取りまとめたつもりである。

その事件の東京地裁判決は、私が国税庁（税務大学校）に戻ってから、昭和62年12月15日に出されたが、裁判所から、「品川さんにご足労いただいた事件です」ということで、判決文が送られてきた。その判決には、当該手数料の損金性が否定される理由につき、①当該手数料は法人税法22条3項に定める原価、費用及び損失に当たらない、②仮に当該手数料のような脱税経費が費用あるいは損失に当たるとする会計慣行が存在するとすれば、そのような慣行は同条4項に定める公正妥当な会計処理の基準とはいえない、③違法支出金の損金性を否定した最高裁昭和43年11月13日大法廷判決の法理は、本件脱税のための支出金に一層妥当する、等とするものであった。

このような脱税経費の損金性については、上訴審の東京高裁昭和63年11月28日判決及び最高裁平成6年9月16日第三小法廷判決においても否定されることになったが、その理由は、前掲東京地裁判決が示した②の理由のみが採用された。もっとも、法人税法22条4項に定める「一般に公正妥当と定められる会計処理の基準」の内容には種々の議論があり、これのみで脱税経費の損金性を否定するには問題がないわけではない。かくして、国税当局も、この最高裁判決以降、脱税経費の損金性を否定することになったが、最終的には、平成18年度の税制改正において、法人税法55条でそのことを明記するに至った。

このように、法人税法55条において脱税経費の損金性を否定することが明記されたのには紆余曲折があった。ところが、令和4年度税制改正においては、いわゆる簿外経費等が脱税経費と同じ条文の中で損金不算入とされたが、両者の性質の違いから同列に扱われるか否かについて疑問がある。けだし、簿外経費の場合は、それが存在する以上、損金性は否定できないわけであるから、むしろ、立証責任や推計課税の手法で解決すべきであると考えられる。

32　脱税者は悪人か？

金沢局調査査察部長と裁判所調査官を通して4年間脱税の仕事を担当したが、その間、それらの事件を通じていろいろのことを考えさせられ、その一端はすでに述べた。そのほか、もっと気になっていたのは、「脱税する人とは何者か」ということであった。特に、金沢時代には、それぞれの事件の容疑者の人柄を直接知ることが多かったので、一層考えさせられるものがあった。

彼らに共通していた人柄は、「働き者で、寝食を忘れるほど仕事に打ち込む」人たちであった。そのような働きは、社会的にも、高度経済成長の原動力になってきたはずである。そして、そのような働きが、人並以上の多額な所得（利益）をもたらすことにもなる。しかし、そのような所得に対し、当時の税率からすると、7割も8割も税金を課税することになるが、彼らからすると、何のために働いているのか？　という疑問が生じることにもなろう。その疑問が、「できれば税金を誤魔化したい」という衝動にかられることにもなると考えられる。

他方、税金を使う側の立場の人たちのことを考えると、むしろ、唖然とさせられる場合が多い。最近の報道によると、コロナ禍に係る給付金について、事もあろうに、公務に忠実であるべき国家公務員が詐欺事件の主役を演じるに至っては、まさに、開いた口が塞がらない。また、税金で直接かつ最も恩恵を受ける人は、税金で命をつないでいる生活保護の受給者であろう。このような受給者には、勤労意欲が高い人がいるとは寡聞にして知らないし、日中パチンコ等に興じている人もいると聞く。

このように、税金を納めなければならない人と税金を使う人とを対比すると、社会的に見て、どちらが悪で、どちらが善であるのかを考えると、一概に言えないような複雑な気持になる。確かに、例えば、所得税法238条によれば、「偽りその他不正の行為により所得税を免れる」と「10年以下の懲役若しくは千万円以下の罰金（脱税額まで増額可能）」が科せられるから、刑法上の「窃盗」や「詐欺」よりもむしろ重い罰則が科せられることになる。それを考えると、脱税は、重大な犯罪に当たる。その点では、脱税者は紛れもない悪人であるが、それだけでは割り切れなさが残る。

また、これも査察の仕事をしていた頃の話ではあるが、「事業で成功する人にとっては、査察に入られることは一つの勲章である」と言われたことがある。これは、前述したように、事業の成功者が如何に働き者であるかということを意味し、その働きによって得られる所得を税金ではなく、事業に注ぎ込むからその事業が発展することがあることを意味しているように考えられる。そして、脱税は、他人の財産をくすねるような窃盗や詐欺よりも悪質性が低いとする考え方があるように考えられる。

それらのことをつらつら考えてみると、脱税（者）については、「罪を憎んで、人を憎まず」ということになるのかもしれない。もっとも、このような考えは、40年程前に現場で脱税取締まりの指揮を取っていた頃の「素朴な脱税者」に対する感想であるかもしれない。

ところで、最近の報道によると、脱税の処理件数等は、40年前の半分以下に低下していようである。これにより、脱税（者）が少なくなっているとは到底考えられない。むしろ、脱税（又は租税回避）は増加しているのに、それに対処できないでいるものと考えられる。そのため、脱税の摘発等が困難となり、処理件数が低下しているのかもしれない。

最近の、脱税又は租税回避については、海外取引を利用する場合も多く、または、法律の規定に抵触しないようあらゆる知恵が尽くされることになる。そこには、法律、会計、評価等に秀でた多くの専門家が結集し、税金を一種のコストと認識し、そのコストの最小化のためにあらゆる知恵が尽くされることになる。そこには、相当の悪知恵も含まれる。

このように、脱税（租税回避）者の今昔を比較してみると、昔は憎めない人もいたが、今の方が怖い人が多いように見られる。もっとも、脱税に善意（善人）がないのかもしれないが…。

33　教と學

昭和61年7月、税務大学校教育第2部長に配置換えされた。これで税務大学校勤務は2度目となったが、前回（租税研究室助教授）は研究中心であったので、職員の教育に当たるのは初めてであるといえる。教育2部は、国税専門官採用者の基礎研修（採用後3月間の初任研修）と専科研修（採用後3年6月後の6か月研修）のほか、30歳未満の女子職員で普通科研修を受講できなかった人たちに対する6月間の女子特科研修を担当していた。職員は、30余名の教授と教育官、10名程の事務職員であった。部長は、各研修の統括と職員の管理に当たっていたが、それらの研修が船橋の独立校舎で行われていたため、いわば「校長先生」のような立場にあった。また、研修生は、多い時に1000人程になるという大変な集団であった。

特に、基礎研修生は、大学を出たばかりなので社会人教育から始めなければならなかった。その中で、ある研修生から、「教授から、校内では朝夕はお互いにあいさつをするよう指示されているが、尊敬もしていない人になぜあいさつをする必要があるのか？」という質問を受けたことがある。その時、「我々は、税金のルールを学び、納税者に対して、そのルールに従った申告が行われるように指導し、そのルールどおりに申告が行われているか否か調査をしなければならない。したがって、我々にとってルールは最も重要なことであり、職場でのあいさつは職場内のルールである」旨話したことがある。そして、教授たちには、「我々は教育について素人である。しかし、研修生に対しては、良き後輩を育てようという熱意を持ち、彼らの質問（シグナル）に対しては、これを無視せずに答えよう（反応しよう）。そうすれば、成果は出るはずである」と説いたことがある。

また、最初の年のT校長は、大変教育熱心で哲学にも精通している方であった。その校長が教授会でおっしゃったことに次の一言がある。「我々の仕事である『教える』とか『學ぶ』という字には、次のような意味がある。『教』には、偏には『子』すなわち生徒がいて、旁の『攵』のメは、教師と生徒が交差すること、すなわち、心が通い合うことを意味する。『學』という字には、その冠にはやはりメが

二つあり、冠の下にはやはり子がいる。このように『教』も、『學』も教師と生徒

（子)が心を通い合うことによって、成り立つことになる。我々は、税務大学校という教育の場でこのようなことを達成しなければならない」

私はこのようなT校長のお話を伺い、自分が生徒の立場であったときに、自分の心を動かした熱心な先生や先輩のことを思い出していた。確かに、教師と生徒の心の交差があったからこそ、自分が目覚めることができたものと考えられた。次は、自分が教師の立場になったのであるから、生徒との心の交差をどのようにして実現できるかである。しかし、そこには、いろいろと難しい問題がある。特に、税務大学校という職員教育の場では、管理する側と管理される側という職場の延長線上の上下関係があるから、そう簡単に心の交差が成立するわけではない。そうは言っても、諦めるわけにはいかないので、心の交差を忘れないように努めることにした。その一つの成果として、専科生から「専科研修の卒業時の部長講話などは偉い人の型どおりの話と思っていたが、品川部長のお話には研修生の将来を思う温かさを感じた。そのお話を糧に職場でがんばりたい」旨の手紙をいただいたことがある。

国税庁退職後は、一般の大学に転じることとなったが、「教」と「學」の意味の重要性を一層認識することになった。そして、それを実施するために、自分なりにいろいろ試みてきたつもりであるが、その難しさには変わりがなかったようである。そして、昨年まで勤めていた税理士法人においても、一つの事務所を統率する立場から、指示、命令の手段を用いざるを得ない場合も多いが、それでも、職員や税理士との心の交差ができないものかと試みていた。それにしても、「教」と「學」には、それを実行するには多くの課題があるが、それを実行しようと心掛けることに自己の成長があるのかもしれない。

それにしても、コロナ禍のウェブによる講義等には、心の交差が期待できないという寂しい思いをしている。

34　措置法69条の4

昭和63年7月、国税庁直税部資産評価企画官になった。バブル経済（土地バブル）最盛期の頃であり、都市部の地価が1年に2～3倍上昇することも珍しくなかった。そうなると、土地等の不動産の取引価額と路線価等の通達評価額との乖離が激しくなり、その乖離を狙った節税策（税負担回避策）が横行することとなる。そのため、さらに土地等の需要が高まり、地価上昇と節税策の悪循環を操り返すことになっていた。

私は、資産評価企画官になったものの、資産税関係の仕事は初めてであったので、前述のような問題にどう対処しているのか興味があった。ところが、前任者からは、「そういう問題は、主税局が新しい法律を作って、現在、国会で審議中であるから、心配はない。あとは難しい問題はないはずである」と言われた。確かに、消費税導入を柱にした税法関連法案の中には、租税特別措置法69条の4が新設されることになっていた。同条には、相続開始前3年以内に被相続人が土地等又は建物等（居住用を除く）を取得又新築している場合には、相続税の課税価格は当該取得価額によると旨定めていた。そして、この法案は、消費税導入が採められたため、昭和63年12月30日成立したが、措置法69条の４については、一度も審議されることはなかった。

この措置法69条の４は、前述した不動産取得による節税策を封じるためには一定の効果があるものと考えられていた。しかし、この規定は、実質的には、流動する不動産の「時価」を法定（固定）するものであるから、当該不動産の「時価」が取得後上昇すれば納税者に有利に作用し、下落すれば納税者に不利に作用することになる。そして、その変動が激しければ、新たな法律問題を惹起することになる。

かくして、平成2年後半以降土地バブルは崩壊し、地価は大幅に下落することになり、予期していた問題が顕在化した。例えば、大阪地裁平成7年10月17日判決の事案では、約23億円で取得した土地が3年後の相続開始時に、約9億円に下落した場合に、相続税を約13億円課税した処分の憲法29条違反が争われた。同判決は、措置法69条の４の規定は立法目的との関連で著しく合理性を欠くとはいえないから憲法違反に当たらないが、当該規定を適用して相続財産価額を上回る課税処分を行うことは違憲状態になるとして、当該課税処分を取り消した。私は、その年に国税庁を退職したばかりであったので、日頃、租税法律主義上の合法性の原則を強いられる課税当局がした法律どおりの処分を違憲とすることに納得できなかった。しかし、この大阪地裁判決の上訴審である大阪高裁平成10年4月14日判決及び最高裁平成11年6月11日第二小法廷判決も、一審判決と同様な判断を示した。そして、問題の措置法69条の4は、平成8年3月に廃止されることになった。

このような措置法69条の4とそれをめぐる裁判例から、租税法一般に次のような問題を惹起することになる。一つは、裁判所の租税法に関する違憲審査については、最高裁昭和60年3月27日大法廷判決（いわゆる大島訴訟）が、租税法の定立に関し、立法府の政策的、技術的な裁量的判断を尊重しなければならない、とする考え方を示し、それが判例となっているため、前述の大阪地裁判決のような矛盾した判断をせざるを得ないことになる。裁判所の租税法に関する違憲審査がもう少し弾力的であれば、前述の大阪地裁も、措置法69条の4の規定の違憲性を認めることができたはずである。

もう一つは、相続税法22条に定める「時価」が実務的には通達評価額に依存していることについて、租税法律主義を重視する立場から、「『時価』の評価方法（評価額）を通達ではなく法律で定めるべきである」との見解がある。

この見解は、一見もっともらしいようである。しかし、長年、「時価」評価の実務を行ってきた立場からすると、それが、評価実務から乖離した絵空事のように見えることになる。常に、変動する「時価」を法律で固定することがいかに困難であり、かつ、矛盾するかについては、その一端をこの措置法69条の４が物語っていると言える。

35　負担付贈与通達

土地バブル時の不動産の取引価額と通達評価額の乖離を狙って横行した相続税の節税策（税負担回避）は、措置法69条の4の行末（その結末は前回述べた）を待つにしても、同じような問題が贈与税においても横行していた。しかも、相続税と違って贈与税の場合には、贈与の時期、方法等が自由に操作することができるので、相続税の節税策（税負担回避）よりも一層巧妙で対策も困難であった。

例えば、親が1億円で土地を取得し、その土地を子に対して路線価の千万円で譲渡（又は負担付贈与）しても、相続税法7条に定めるみなし贈与には当たらないとされていた。それは、路線価の千万円が通達上の「時価」であるから、「時価」で譲渡したことになり、低額譲渡に当たらないとするものである。そして、そのようなことは、資産税を専門にしてきた人たちにとっては至極当然のことであるものと考えられていた。そこで、私が、「ならば、そのような取引に限っては、当該取引価額を『時価』とする通達にすればよい」と提案すると、「そのように、通達で『時価』を2本建てにすることは平等原則にも反するし、あり得ないことだ」と返された。さらに、私が、「しかし、通達自体、総則6項を設けて、『時価』が2本建てになることを定めているし、現に、その考え方は、東京高裁昭和56年1月28日判決で認めている」と主張したが、「総則6項は、納税者を救済するための規定であり、東京高裁判決は異例なものだ」と反論された。このような議論を通して、国税庁における税目別の縦割行政の弊害（閉塞感）をつくづく感じさせられた。

それでも、根気よく議論を重ね、不動産の負担付贈与等による税負担回避を放置できないということで、資産税課との意見調整を行い、何とか、「負担付贈与又は対価を伴う取引により取得した土地等及び家屋等に係る評価並びに相続税法第7条及び第9条の規定の適用について」（いわゆる「負担付贈与通達」）の案を取りまとめることができた。その内容の骨子は、「土地等及び家屋等のうち、負担付贈与又は個人間の対価を伴う取引により取得したものの価額は、当該取得時における通常の取引価額（当該取得価額が通常の取引価額に相当すると認められる場合には、当該取得価額）によって評価する」とし、相続税法7条及び9条の規定の適用についてもこの取扱いに準ずる、とするものであった。

しかし、当時の国税庁の通達発遣は、関係課で取りまとめた通達案を担当部長、次長及び長官の決裁を経て成立することになっていたので、それぞれの関門を無事潜り抜ける必要があった。最初の関門のO直税部長は、本省出身で国税庁勤務が20数年になるという、きっての租税通であり、節税封じのための厳しい通達を発遣することに疑問を持っていたようで、細かいところまで一つ一つ問題点を突いてこられた。私は、それぞれの問題点を逐次検討し、実に、35回にわたってO部長と議論を繰り返すことになった。最後に、O部長は、「君の説明だけでは納得できないから、法制局と法務省の見解を聞いてこい」と言われた。法制局は回答を留保されたが、法務省は、私の課長補佐時代を評価していただいたようで、「この通達に基づく課税処分が訴訟になったら全面的にバックアップする」旨の回答をいただいた。その回答が、O直税部長や次長を納得させることになった。

最後の関門のM長官は、「税の神様」と言われた方で、国会で措置法69条の4の立法趣旨を説明された方であった。通達案の説明の途中で、「このような通達ができるなら、措置法69条の4は必要なかった。当時、国税庁は何もできないというから、主税局で問題が多いのを承知であの条文を作った」とおっしゃって、決裁文書を床に叩き付けた。このことは、後日談では、起案者の覚悟を試すためであった、とのことであった。その後、当時の節税・租税回避の実態をよく説明させていただき、通達案について了解していただいた。

かくして、負担付贈与通達は、平成元年3月29日付で日の目を見ることになり、4月1日から施行されることになった。この通達は、電光石火的に執行されたこともあり、その反響は凄かった。しかし、私としては、通達批判に対しては、予見していたことでもあり、反論することを最小限に抑え、むしろ、本丸である次の通達改正の準備を進めることにした。

36　株価通達の改正①

負担付贈与通達を検討している最中においても、他の財産についても取引価額（客観的交換価値）と通達評価額の開差を利用した節税（税負担回避）策が喧伝されており、それに対する対策も急がれていた。それも、取引相場のない株式の評価方法に集中していたが、その主なものは次のようなものであった。

①　上場株式の株価斟酌の利用

上場株式の価額の評価は、原則として、課税時期の最終価額か、過去3か月の最終価額の月平均の最も低い価額で評価できる。これは、課税時期前に急騰したような株式の価額について、評価の安全性を考慮（斟酌）したものである。これを節税に利用すると、親が、過去3月間で最も値上がりした株式を買って子に3月前の安値で売り、子がその高値で売り抜けても、贈与税は課税されないことになる。この方法で、親が子に対し億単位の贈与を無税で行うことができるということでもてはやされていた。

② 公開途上にある株式

当時、公開途上にある株式についても、実際に公開（上場）されるまでは「取引相場のない株式」として取り扱われていた。そのため、NTT株の上場が公になっても、親が子に対しその株式を配当還元価額の1株5万円（上場価額105万円）で譲渡しても贈与税は課税されなかった（後に、個別通達で105万円で評価されることになった）。また、リクルート株についても上場間際ということもあって、その株式を関係者間で売買することによって贈収賄事件に発展したこともあった。しかし、株式の公開については、当事者間で内々に進められるため、客観的な評価方法を定めることは困難であった。

③ 会社が不動産を取得した場合の評価

当時、純資産価額１００億円の会社が、１５０億円借金して都内の土地を買うと、その土地の通達評価額が50億円になって、純資産価額が零円になるので、その会社の株式の価額を零円と評価し、親が子に贈与しても贈与税が課税されないという話があった。このように、不動産の取得による節税方法は、個人だけではなく、法人においても同じような問題があった。

④　評価差額に係る法人税額等相当額の累積排除

取引相場のない株式の価額を純資産価額方式で評価する場合に、評価差額に係る法人税額相当額（当時52％）を控除することになっているが、その株式を評価差額が生じるように現物出資して、それを繰り返すと、最後に取得する株式の価額は限りなく零に近づくことになる。

⑤　持株会社等の評価額

当時、節税策として最も注目されていたのは、いわゆる持株会社を評価通達上の「大会社」となる資本金1億円で設立して、その会社の株式の価額を類似業種比準方式で評価する方法であった。高度経済成長の中で多くの企業が株式の上場を果たしてきたが、上場後の株式をそのまま所有していたのでは相続税が大変であるということで、その上場株式を現物出資して持株会社を作り、その会社の株式について類似業種比準方式を適用すると大幅な株価引下げが可能になった。当時の朝日新聞の報道によると、Ｄスーパーの上場株式１０００億円がその方式によって5億円に評価されるということであった。このような方法は、対象資産が株式のみではなく、土地等の不動産等についてももてはやされていた。

⑥　会社規模区分における「大会社」成り

取引相場のない株式の原則的評価方式には、純資産価額方式と類似業種比準方式があるが、一般的には後者の価額が前者の価額より大幅に低いことは周知の事実である。そして、会社規模区分において「大会社」に該当すると、類似業種比準方式が１００％利用できることになる。当時の会社規模区分によると、資本金

1億円（これは、当時の上場基準の一つであった）で大会社に区分されることになっていたので、⑤のような資産管理会社については、資本金を1億円にすることによって、株式評価額の引下げが図られていた。

このような株式評価に係る節税策については、その弊害を承知しながらも、それらはやむを得ないものとされ、評価通達の改正で是正すべきとする見解は国税庁内では見当たらなかった。

37 株価通達の改正②

平成元年3月末に負担付贈与通達が日の目を見ることになったので、「36」で問題提起した株価通達の問題点に全力を挙げて取り組むことにした。しかし、最大の問題は、私の任期であった。資産評価企画官の任期は、先輩たちの多くが1年であり、2年務めた人は1人か2人であった。そのため、自分の力で通達改正が実現できるか否かは時間との闘いであった。

しかし、「36」で指摘した株式評価方法の問題点については、実態調査を必要とするものも多く、かつ、評価方法を改めるにしても技術的に難しい問題が多かった。それでもスタッフと一緒に根気よく実態調査を行い、定期異動の7月が近づくと留年しそうな雰囲気になってきたので、その年の後半は評価方法の検討に入ることになった。しかし、それぞれの評価方法に問題点は多く、関係課等との意見調整を要することもあったので、改正案をまとめることに難航した。それでも、平成元年度内には何とか改正案を取りまとめ、部長説明に漕ぎつけることができた。

O直税部長に代わったH直税部長は、国税の経験はそれほど長くなかったが、通達改正の問題点と改正案について丁寧に聞いてくれた。そして、検討段階で、H部長が「自分は、国際金融局の課長時代に、為替管理法の大改正を担当したことがあるが、その法律改正よりも、たかが通達なのに、今回の通達改正の方がはるかに影響が大きいな！」と話されていたことが忘れられない一言となった。

改正案は、直税部長の決裁を経て、負担付贈与通達のときは直税部長であったO次長の決裁をいただくこととなった。O次長は、改正案について直接話されることはなかったが、周囲の話では、「何も2年続けて人騒がせな通達改正をする必要もないだろう」というのが本心のようであった。そのため、なかなか審議の時間が取れなかった。そのうち、定期異動の時期も近づき、元人事課長の某氏から、「品川は、今度、某大局の総務部長に栄進だそうだ」と直接言われた。これで、自分の手で成し遂げようとした株価通達の改正は夢かと、あきらめることにした。

ところが、人事異動の内示の日に、総務部長への栄進の内示はなかった。後で聞かされたことであるが、私の異動は、M長官のところで反故にされたようである。理由は、負担付贈与通達のときは改正案を床にたたきつけたM長官が、株価通達の重要性を深く理解されており、「品川以外にできるのがいるのか」とおっしゃったようである。今でも、「税の神様」と言われたM長官の炯眼に敬意と感謝を忘れないでいる。

そして、人事の定期異動後、株価通達の改正案の決裁は、新しい人事体制の下で仕切り直しとなったが、今度は、M長官の方針が引き継がれていたようであり、順調に決裁が進み、仕切り直し20日程度で改正通達を発遣することができた。その通達の改正内容は、その後一部改正はあったものの、現行のものとほぼ同じである。この通達の改正日付である「平成2年8月2日」は、私にとって忘れられない日となった。また、この通達改正は、大蔵本省を含めた記者会見が行われ、翌日の一般紙の一面を飾ることになった。国税庁の通達改正が一般紙のトップ記事になったのは、今もって、このときの通達改正しかなかったはずである。

負担付贈与通達のときは、次（株価通達）があるから、外部への説明は控えていたが、今回は、外部の理解を求めて積極的に説明会や取材にも応じることにした。ある説明会の席で、当時、日税連の税制審議会の専門委員長を務められ、負担付贈与通達のときも厳しいご意見を寄せられていたM税理士から真っ先に質問をいただいた。M税理士は、株価通達についても何点か厳しい質問をされた後、「これ以上人騒がせな通達改正はやめてほしい」とのご意見をいただいた。そのご意見に対し、「私たちは、適正課税、課税の公平について国民の負託を受けて職務を遂行していますので、これからも必要があれば何度でも通達改正をさせていただきます」と応えた。そのときは、会場に言い表せない緊張感が漂ったことを今でも忘れていない。それが縁となって、その後、M税理士とは忌憚のない意見交換をさせていただくようになり、尊敬する税理士のお一人である。

38 A社B社方式

「37」の株価通達の改正に当たっては、純資産価額方式における評価差額に係る法人税額等相当額の控除について、累積控除による零評価の方法は禁じることにしたが、当該会社が従来から所有している取引相場のない株式に係る法人税額等相当額の控除は認めることとした。しかし、この点につき、株価通達改正の記者会見の席で、「10億円借金してA社を作り、そのA社の株式を1円で現物出資してB社を作ると、そのB社の株式の評価額は約5億円になるが、そのようなA社B社方式は認めるのか」という質問をいただいた。この問題は、通達改正の段階でも検討していたので、「A社B社方式によって作為的に評価差額を作出し、評価額を引き下げる方法に対しては、相続税法64条又は評価通達6項を適用して否認する」旨回答した。

しかし、税理士の間では、「A社B社方式について国税庁は否認すると言っているが、そんなのは脅しではないか等のうわさが広まっていたようであり、一部では、

「やり得」が横行するようになってきた。そこで、再度通達改正を行うことを検討した。

大部分のA社B社方式は、「借金してA社を作り、A社の株式を現物出資をしてB社を作って評価額を引き下げ、相続税等を減額できたら、A社B社を解散して最初の借金を返済する」というものであった。そして、当時の銀行からの支払金利（5〜10％）を考慮すると、借金から返済まで3年以上過ぎると、節税の効果がほとんどなくなることになる。そこで、通達の改正案は、「株式を現物出資して人工的（作為的）に評価差額を作出している場合には、当該現物出資後3年間は法人税額等控除を認めない（当該評価差額はなかったものとする）」とするものであった。

そして、改正案をまとめて人事異動まで3月足らずになったので、株価通達のように早期に決裁を済ませようとしたが、上司から「君は、人の嫌がる通達改正を2度もやって散々憎まれ役を買ったから、その通達改正ぐらい後任の人に任せたらどうか」と言われ、その通達改正を断念することにした。

その後、A社B社方式は、節税手段として一層活用されるようになり、課税当局による評価通達6項の適用による課税処分も行われ、取消訴訟も生じた。その取消訴訟の中で、代表的なものとして、大津地裁平成9年6月23日判決、大阪高裁平成12年7月13日判決及び最高裁平成14年10月29日第三小法廷判決が挙げられる。これらの判決の事案では、被相続人が平成2年9月から12月にかけて、金融機関から20億9000万円を借り入れてA社（有限会社）を設立。増資し、次いでA社の出資を現物出資してB社（同）を設立して、平成3年9月の相続に際し、相続人が、当該B社の出資の価額を約10億2000万円と評価して相続税を申告したことに対し、所轄税務署長が、評価通達6項を適用して、当該B社の出資の価額を約20億5000万円と評価して更正等をしたというものであった。

このような事案が増加する中で、国税庁は、平成6年の評価通達186−2の改正において、純資産価額の計算において、「現物出資により著しく低い価額で受け入れた取引相場のない株式（出資及び特定の転換社債を含む）がある場合には、当該各資産の帳簿価額の合計額に、現物出資のときにおいて当該現物出資受入れ株式等をこの通達の定めるところにより評価した価額から当該現物出資受入れ株式等の帳簿価額を控除した金額（現物出資受入れ差額）を各資産の帳簿価額に加算する」ことにした。要するに、純資産価額の計算における法人税額等相当控除の対象となる評価差額から現物出資受入れ差額を控除することにした。

このような評価通達の改正は、当座のA社B社方式の評価額引下げを封じることができるにしても、当該現物出資受入れ差額等の計算について期限を設けなかったため、一度、取引相場のない株式を現物出資して現物出資受入れ差額を生じさせると、10年後も20年後も前記のような規制を受けることになる。これでは、会社法上の帳簿の保存義務が10年と定められている折、実務上対処できないという新たな問題が生じてきている。

39　公示価格の８割

平成２年８月の株価通達の改正後、最大の問題となってきたのが、地価税の導入が検討されていることもあって、土地の評価であった。土地の相続税評価額が取引価額よりも大幅に低いということが、すでに述べたような数々の節税のターゲットとされ、土地バブルを一層押し上げる原因でもあるとされてきた。また、保有税である固定資産税の土地評価額が相当低いということもあって、土地の選好を高め、土地バブルの原因の一つとされてきた。さらに、公的土地評価には、他にも、土地の取引価額の指標となっている地価公示価格及び基準地価格もあるが、それらがバラバラであるということで、公的土地評価の一元化も議論されてきた。

その中で、相続税に関しては、旧措置法69条の４の立法を必要とした背景もあり、公示価格との比較も可能であるということで、まず、公示価格に対する評価割合の引上げが検討された。公示価格との比較については、従前は、評価基準日を前年の

7月1日としていたが、これでは、対象となる売買実例価額も1年遅れとなり、特に、地価上昇期には、低額評価の一因になっていた。そこで、公示価格と同じ当年の1月1日に合わすことにした。問題は、公示価格の公表が3月下旬であるから、路線価等の作成が7月に遅れるということであった。そのため、当時、相続税の申告期限が相続開始後6か月であったので、これを10か月に延ばす必要が生じた。

一番問題となったのが、公示地価との評価割合をどの程度にするかということであった。当時は、当該評価割合は7割であったが、評価基準日が6か月前ということと相まって、平均的には、公示価格の5割程度になっていた（地価の上昇が激しい地域は、1～2割も珍しくなかった）。そのような中で、国会の質疑等において、「相続税評価額を公示地価の10割にすべきである」という意見も強かった。問題は、10割引き上げた場合に、評価と課税の実務が維持できるか否かということにあった。

そこで、平成2年に土地の譲渡所得の申告事案を各国税局から1000件程度収集し、当該土地について譲渡価額（取引価額）と相続税評価額を対比してみることにした。そして、公示価格に比し、10割評価、9割評価、8割評価及び7割評価にした場合に、譲渡価額が相続税評価額を下回る件数がどの程度になるかを調べることにした。当時は、地価の上昇期であったが、譲渡価額が相続税評価額を下回る割合は、７割評価でほぼゼロ、８割評価で5～6％、９割評価で10％超、10割評価で20％超の状況であったと記憶している。これでは、地価が下落傾向になれば、その割合は、もっと高くなるはずである。そのため、10割評価は無理であり、８割評価が限界である旨具申することにした。

結果的には、平成４年分の評価から８割評価が採用されることになったが、その後、地価が暴落して、取引価格と相続税評価額が逆転する現象が生じた。そのとき、「品川が８割評価にしたから、このような逆転現象が生じた」旨の批判を浴びるようになった。私は、心の中で「10割ではなく８割に抑えたんだよ！」と叫んでいた。なお、この８割評価が明文上明らかにされているのは、平成４年度税制改正大綱においてのみである。

その他、土地の評価方法には、地価税にも対応するように、いろいろ改正されたが、その代表的なものは、「奥行価格逓減」から「奥行価格補整」に変更したことである。それまでは、路線から奥へ行くほど、土地の価値は下がると考えられていたが、ビル街地区や高度商業地区になると、一定の奥行きがないと土地の価値が少なくなるということで、一定の奥行きまで価格が上昇し、当該奥行きを過ぎると価格が下落するという「奥行価格補正」へと変更された、これらの改正は、国税庁の調査のみでは客観性が乏しいということで、不動産研究所に調査依頼し、その報告書を基に改正することとした。

最後に通達の名称であるが、従来は「相続税の財産評価に関する基本通達」であったが、地価税にも対応しなければならないということで、現在の「財産評価基本通達」に改称することにした。この名称については、私が名付け親であることはほとんど知られていない。

40　評価方法の法制化

令和4年4月19日の最高裁判決は、原審が勝訴している事案につき、わざわざ弁論を開き、評価通達6項を適用した課税処分の適法性を認め、その論拠を明確にしたため、財産評価をめぐる多くの議論を改めて惹起することになった。その論調の中には、これも古くから言われていることであるが、財産の評価方法が法制化されていたら、法律でもない評価通達に拘束されることもなく評価通達6項もなくなるので、納税者の平等原則や予測可能性が保証される旨の意見もあった。

このような意見は、実務の経験のない研究者の方から多く聞かれるが、最近では、国税職員の執筆による「税務大学校論叢」においても見受けられるようになった。その論叢を読んでみて、その執筆者が実務を分かっているのか否か疑問に思った。この点について、私も、資産評価企画官の在任中も、その後も、この問題をずっと考えてきた。しかし、今もって、評価方法の法制化には、同意しかねるところがある。

資産評価企画官就任当初、税理士の方から、「評価通達1（2）は、『時価とは、……その価額は、この通達の定めによって評価した価額による。』と定め、国税庁が勝手に時価を定めるのは租税法律主義に反する」旨批判されたことがある。確かに、同じ通達であっても、法人税基本通達は、その前文において、「……この通達の具体的な適用に当たっては、法令の規定の趣旨、制度の背景のみならず条理、社会通念をも勘案しつつ、個々の具体的事案に妥当する処理を図るよう努められたい。いやしくも、通達の規定中に例示がないとか通達に規定されていないとかの理由だけで法令の規定の趣旨や社会通念等に則しない解釈におちいったりすることのないように留意されたい」と定めている。

当時、この法人税基本通達前文をまねて、評価通達1（2）の最後を「この通達の定めによって評価した価額によることができる」に改めることができないかと考えたことがある。そうすれば、納税者側は、個々の財産の実態に応じて、評価通達が定める評価額を参考にして任意に「時価」を決定して納税申告を済まし、税務官庁側も、それに対応して課税処分を行えばいいから、評判の悪い評価通達6項もいらないことになる。しかし、これでは、抽象的な法解釈となって、それぞれの財産の価額を具体的にいくらと定める必要があるので、実務は混乱し、行政命令としての通達の機能を維持できないことも明白に思えた。よって、前述のような文言改正をしないことにした。

また、地価税が導入されることにより、評価通達が定める土地の評価額（評価方法）に対する大企業からの不服申立てが多発することも予測された。他方、相続税法は、その「第3章　財産の評価」の26条の2において、土地評価審議会の項目の中で、同条1項で「国税局ごとに、土地評価審議会を置く」と定め、同条2項で「土地評価審議会は、土地の評価に関する事項で国税局長がその意見を求めたものについて調査審議する」と定め、同条4項で「委員は、関係行政機関の職員、地方公共団体の職員及び土地の評価について学識経験者を有する者のうちから、国税局長が任命する」と定めている。そして、各国税局長は、毎年、路線価等の評価基準を定めた都度、土地評価審議会の同意を得ている。ならば、「土地評価審議会が承認した土地の評価額を相続税法の『時価』とみなす」旨の規定を設けられないかを検討し、法制局にも諮ったことがある。これができれば、土地の「時価」を法制化したことになり、前述の不服申立ても心配しないで済むことになる。しかし、結局、法制局の同意を得ることはできなかった。

なお、評価方法の法制化を主張する人たちは、現在、評価通達で定められている路線価方式、類似業種比準方式等の評価方法を政省令化すべきと説く。しかし、これらの評価方式それ自体が完全なものではなく、かつ、それぞれの評価方式の評価要素は年々、又は毎月のように変化するものであり、それらを通達によって公表しているところである。しかも、これらの評価要素は、「時価」を決定する最も重要なものであるから、評価方式のみを政省令化してもほとんど意味をなさないことになる。結局、評価方法又は「時価」の法制化は、「34」で紹介したように、実質的に「時価」を法制化した旧措置法69条の4が施行後7年ほどで廃止されたことがすべてを語っていると言える。

41 賦課と徴収

平成3年7月、国税庁徴収課長に昇任した。同じ廊下を挟んだ向かいの部屋への異動であったので、距離的には極めて近い異動であったが、仕事の中身はガラリと変わった。また、徴収という仕事は、国税職員になって初めてであった。国税庁は、仕事の担当によって、縦割りの厳しい職場であり、縦割りごとの特色もあった。特に、「徴収」については、納税者側から最も嫌われている「差押え処分」に代表される「滞納処分」がイメージされるため、国税の職場の中でも、最も敬遠されていた。そのため、俗に、「間税の旦那、法人の方々、所得の連中、徴収の野郎」と言われることにもなる。

しかし、国税を問わず税金というものは、賦課するだけでは何ら機能するわけではなく、納付（徴収）されて初めてその機能を発揮することになる。俗に、「取ってなんぼ、取られてなんぼ」と言われるごとく、国からすれば、いくら課税処分をしても税金が納められなければ意味がないし、納税者からすれば、いくら課税処分を受けても税金を納めないで済めば痛くも痒くもない。

例えば、徴収課長在任中、150億円を超える課税処分を受けて滞納していた者がいたが、その滞納者が国内財産を処分してアメリカに逃亡した事件があった。そうなると、滞納処分の方法がなく、せいぜい気休めに納付のための催告書を送付するしかなかった。その後、有力な租税法学者から、「外国にいる納税者に催告書を送付することは、相手国に対する主権侵害に当たる」旨の注意があった。当時、租税条約における「徴収共助」の道が開けないかと思い、財務省主税局や外務省とも交渉してみたが、先方の方に問題意識がなく、埒が明かなかった（近年、徴収共助の道も開けたようである）。

また、当時、「宴の後始末」の如く、税金の面でもバブルの後始末を徴収部門が担当することになった。特に、バブル時には、不動産の譲渡所得事案が多発していたが、その中で、「かぶり申告」と称するものがあった。これは、不動産の登記名義と実質所有者が異なることを盾に、ホームレスのような無財産人に若干の手数料を支払い、億単位の譲渡所得税を申告（かぶり申告）してもらう方法である。当時は、高額納税者が公示されていたので、そのかぶり申告者も堂々と高額納税者として公示されていた。当然、その申告税額が滞納になるのであるが、徴収部門では、その滞納者の追跡に2～3年要することになる。その間、真実の所得者は、財産を隠蔽し、出国する方法などで身を隠すことになる。

このように、税金は、課税額（徴収決定済額）がいくら増加しても、それが国庫に入らなければ、国にとって何の役にも立たないことになる。その意味では、徴収は、税務行政の「最後の砦」と称されるゆえんでもある。しかし、この「最後の砦」の番人たちも、常に誇りを持って職務に精励できているわけではない。納税者から最も嫌われる滞納処分の現場に赴くことは、誰しも気が引けることである。そのため、徴収の職場では、「出張日数」を報告することになっていて、できるだけ現場に出て滞納処分するように管理されていた。

賦課と徴収の関係は、徴収全体のマクロ的な見地からもその特徴が表れることがある。先般、国税庁が公表した令和3年度の滞納状況によると、滞納残高約880

0億円、新規発生滞納額約7500億円、滞納発生割合（対徴収決定済額）1・1%となっている。これらの各数値は20数年前のそれらの数値が最も高かった頃の約3分の1である。このように滞納残高等が大幅に減少したことは、税務行政全体が納税者の理解も得て円滑に行っている成果であると評価する向きもあろう。

しかしながら、滞納残高の最高値の頃、徴収課長を務め、それ以前、賦課の仕事をしていた経験に照らすと、むしろ慨嘆するところが大きい。けだし、滞納残高が大幅に減少した最大の原因は、新規発生滞納額が大幅に減少したことにあるが、後者の大幅減少の最大の原因は、税務調査による増差税額が大幅に減少したものと推測される。特に、平成23年の国税通則法の改正によって、税務調査が厳しく規制されて、調査能力が大幅に低下したことに原因がある。

42　法制度における交錯

賦課と徴収の関係は、「41」で述べた執行に絡む問題だけではなく、むしろ、法制度の方が関係も深く、法解釈等において、両者の関係の理解が一層求められることになる。例えば、源泉所得税の納税の告知が課税処分か徴収処分かが、かつて激しく争われたことがある。源泉所得税については、国税通則法の下では、給与等の支払いのときに、納税義務が成立し、かつ、自動的に確定することになっている。すなわち、源泉徴収義務者がその確定した税額を納付しなくても、それを追徴するための課税処分は不要であることになる。そのため、右のような追徴のためには、国税通則法第3章第2節（国税の徴収）の36条に基づいて納税の告知が行われる。

さすれば、納税の告知は、法律的には、「徴収処分」にほかならないが、実務では、税務署の法人・源泉税部門の税務調査において、法人税の更正処分と同時に行われることが最も多いため、課税処分の一環であると観念されることになる。その納税の告知に不備（違法事由）がある場合には、課税処分であれば、納税者が3か月以内に不服申立てしなければ不可争になるが、徴収処分になると、徴収権の消滅時効である5年間争うことができる。最高裁は、昭和45年12月24日判決が徴収処分と判示し、昭和48年9月28日判決が課税処分と判示し、判断を分けたことがある。私が法務省に勤務していたとき、国税庁としては、納税の告知の法的な安定化を図るため、昭和48年9月28日判決の支持を求めることになったが、結局、法解釈において最も権威のある「民集」に登載されているのは昭和45年12月24日判決（判例）である、ということで決着がついた。

また、国税通則法38条に繰上請求の規定があるが、その1項は、納付すべき税額の確定した国税の納期限を繰り上げてその納付を請求することを求めるもので、純粋な徴収処分と言える。しかし、その3項は、税額の確定後においては当該国税の徴収を確保することができないと認められるものがあるときには、その確定前においても、滞納処分に必要な金額を決定し、その金額を限度として直ちにその者の財産を差し押さえることができる旨定めている。

　この規定の適用は、税務調査の最中に生ずることであるから、徴収部門が単独ですることはできない。私の経験では、金沢国税局の調査査察部長時代、脱漏所得20数億円の査察事件（当該年度全国一）の処理中、この繰上請求を適用すべきか否かを検討したことがある。しかし、繰上請求のことを知っている査察官はいないし、極秘に処理しているので徴収部と相談はできないし、顧問税理士も知識もなく危機感もない状況の中で、一人で、国税庁の徴収課の知人と相談して繰上請求の法理を検討し、その方向性を見極めたことがある。幸い、脱税者側の資金繰りの目途がつきそうになったので、強権発動をしないで済ますことができた。

　このように、法制度において賦課と徴収（国税通則法上の徴収手続を含む）が交錯する問題は他にも、債権者代位権及び詐害行為取消権（通法42）、第二次納税義務の中で特に無償又は著しい低額の譲受人等の第二次納税義務（徴法39等）、相続による国税の納付義務の承継（通法5、特に、被相続人が含み益のある財産を遺贈して所得税法59条が適用される場合等）、国税の連帯納付義務についての民法の準用（通法8、相法34等）等多くを数えることができる。

これらの規定の適用に当たっては、特に、税理士の場合、税法のプロといっても、国税通則法や国税徴収法に疎い方が多いので、思わぬ失敗（ときには多額な損害賠償の発生）を招くことがある。例えば、東京地裁平成9年8月8日判決の事案では、税理士の指導の下、会社清算に当たって、残余財産の全てを役員退職給与として支給し、その後の税務調査において当該役員退職給与が過大であると指摘され、安直に（当該法人に残余財産がないから滞納処分はないと判断し）修正申告に応じた場合に、当該役員に第二次納税義務が課せられている（この場合、詐害行為の取消権行使とも競合する）。ともあれ、賦課と徴収は、表裏一体の関係にあることを理解する必要がある。

43　物納が急増！

平成4年7月、徴収課長から隣の管理課長へ変わった。徴収課長時代、賦課と徴収の関係を種々考えさせられたが、管理課長就任早々、相続税の物納が急増したということで、その対策が喫緊の課題になっていた。これも、賦課のツケが徴収に回ってきた問題である。資産評価企画官時代は、すでに述べたように、相続税・贈与税の節税封じと評価の適正化（公示価格の8割評価等）を図るため、結果的には土地等の各財産の通達評価額を相当引き上げた。それが相続税等の賦課税額の増加につながっていた。そして、土地バブル等のために、相続税の申告税額が大幅に増加したが、その大半は延納になっていた。

ところが、平成2年末頃から地価が下降に転じ、その後、バブル崩壊へと転じた。そのため、従来の「相続税の納付は、一旦、延納を申請し、その後、土地等の値上がり等を待って、それを処分して納付する」という手法が通じなくなり、物納へと流れ込んだ。数字的に、昭和時代には、400～500件程度の申請が、平成2年度には千数百件、平成3年度には1万3000件ほどに急増した。そのため、物納対策として、当面、一つは物納を収納しやすくするために理財局との交渉であり、二つは金銭納付がより有利になるような税制改正であり、三つは処理体制強化のための担当者の増員であった。いずれにも、関係部局との交渉が待っており難航した。

理財局との交渉については、先方のガードが固く、最初は最も管理しやすいはずのマンションでさえ、管理費を払わなければならないからダメといわれた。それでも、いろいろと交渉の末、少しは物納の弾力化が図られるようになった。

税制改正については、物納の規定それ自体にもいろいろ問題があったが（その後、それらは大幅に改正されることになった）、賦課との関係で揉めたことがあった。例えば、租税特別措置法39条に相続財産に係る譲渡所得の課税の特例があり、相続財産を譲渡した場合に、一定の相続税額を取得費に加算することができる旨が定められている。この特例につき、当時、相続税の申告期限から2年以内の譲渡に限られていたので、これを5年程度に延長することを要求したことがある。この要求について、財務省主税局との交渉の前に、古巣の直税部から反対され、「譲渡所得の実務が混乱する、品川は徴収部に移ったら賦課の迷惑を忘れている」と言われた。私としては、「課税が円滑に行われるためには、出口の納税が行われる必要がある」と考えていたのであるが、同じ国税庁の中でも、縦割りの厳しさを思い知らされた。結局、この問題は、現行のように「3年」で決着することになった。

最も問題となったのが、処理体制の強化であったが、それに関連して物納の担当課をどうするかという問題があった。元々、物納は、相続税法に定められており、物納財産の状況に著しい変化があれば再評価を要することになっているので、資産税課が担当することになっていた。そのため、資産税課に戻すべきということも議論されていたが、当時、やり手であったT次長からも、「品川、管理課では再評価が難しいだろうから、資産税課に戻したらどうか」と言われた。私は、「命令であれば従いますが、徴収部では公売等において評価の実務もやっていますから私の方から戻す気はありません」と答えた。K次長は「君は、ただの『学者』ではないな」（行政庁では、「学者」とは理論家ではあるが管理能力がない者に対する蔑称でとになった。

あった）と苦笑していた。しかし、その一言で管理課が引き続き物納を担当すること

かくして、物納担当者が約３００名必要であるという試算をし、それを関係部門と折衝することになった。徴収部は、戦後の大滞納時代には相当の職員を抱えていたが、その滞納が整理されるようになると、常に定員削減の対象にされてきた。それを時計の針を逆に回す事態になったので、関係部門の理解を得るのは極めて困難であった。それでも、関係部門の理解をいただき、徴収部の定員充足率を１００％に近づけるという方法で約３００名の要員確保に漕ぎつけた。私にとっては、「ただの学者ではない」ことを実践することができたということで貴重な体験でもあった。

44　特例物納

物納の問題は、その急増に対処するのみでは解決しなかった。問題は、バブルが崩壊し、地価が暴落する前に延納を申請していた人たちが、地価暴落により、延納に必要な追担保を要求されたり、相続した土地を処分しても延納税額が払えなくなったりしたことである。そのため、国税庁にも多くの陳情があったし、物納の申請を指導しなかった税理士に対して、多くの損害賠償事件が発生した。そのため、夜逃げをした税理士もいたと聞いている。そして、このまま放置すると、処分不能な大量の滞納税額が発生することになる。このようなことは、国税庁としても放置できないであろうということで、その対策に取り組むことになった。

結局、その救済策としては、過去に延納を選択した者に対し、もう一度、物納を申請するチャンスを与えることしかないと考えられた。そのためには、立法上の措置を講じるしかないことになる。しかし、それは、正しく、租税法律主義が禁じている遡及立法に他ならないわけであり、そのような前例も見当たらなかった。しかし、遡及立法禁止の原則は、租税法律主義の機能である予測可能性と法的安定性を害することにほかならないが、その遡及立法に何らかの合理的な理由があって、納税者の利益になるものであれば、遡及立法も許容されるものと解された。

そこで、遡及して物納申請を認める理由として、まず、元々、相続税の納付において物納が選択されることが極めて少ないし、前述のような予測しがたい地価の暴落が生じたため、延納を申請・許可を受けた人たちが、追担保もできず、担保財産（相続財産）を処分しても延納している相続税額を納付することもできないという予測しがたい窮状にあるので、それを救済する必要があることを挙げた。また、そのような窮状を放置すると、多額の滞納が発生することになるが、国も、その滞納整理のために無益な労を割くことになることも挙げた。さらに、相続税法は、物納財産の収納価額を原則として「課税価格計算の基礎となった当該財産の価額」と定めているが、これは、物納に相続税納付において担保的機能を与えているものと解することができる。そうすると、前述のような納税者の窮状を救済するために遡及して物納を認めることは、その担保的機能を果たすことにもなり、相続税法の本旨に沿うことにもなる旨を付け加えた。

これらの理由を挙げて、物納の特例を認める立法の必要性を財務省主税局に説明することにした。そのときのM審議官は、私の説明を一通り聞いてくれた後、「ところで、この『物納に相続税納付の担保的機能がある』という説を唱えている学者はいるのか?」と尋ねてきた。私が困惑していると、M審議官は、「そうか、君の頭の中にあるのか」と言ってにやりとされた。

その後、財務省主税局が尽力されて、平成6年度税制改正において、租税特別措置法70条の10が設けられ、物納の特例制度が誕生した。その内容は、「昭和64年1月1日から平成3年2月31日までのあいだに相続により財産を取得し、延納の許可を受けた個人が、平成6年4月1日にその納期限がまだ到来していない分納税額(特別物納対象税額)をその延納によっても納付することが困難である場合には、その者の申請により、税務署長は特別対象税額のうちその納付を困難とする金額を限度として物納を許可することができる」というものであった。そして、その申請期間は、平成6年4月1日から同年9月30日までとされた。この条文は、僅か半年しか機能（存在）しなかったことになるが、平成6年の法規集しか掲載されていなかったということで「幻の条文」であったとも言える。

この特例物納は、約7000人の延納者が利用することになり、対象税額が約6000億円となり、その分、滞納税額を増加させないで済んだことになる。

もちろん、管理課は、物納だけを担当しているわけではなく、税収（歳入）の管理全般とそれに付随する仕事を処理していたわけであり、それに関して種々の問題も発生し、その処理に追われていた。

45 水飢饉

平成6年5月、恐らく次の人事異動の対象になるであろうと思い、管理課長としての仕上げに勤しんでいた。ところが、仙台国税局への出張の際、滞在しているホテルで、H人事課長から電話をいただいた。用件は、「筑波大学から国税庁長官のところに、是非、租税法担当の教授として、理論と実務を兼ね備えた人材を派遣してほしい旨の要請が来ている。長官と相談した上で、品川しかいないだろうということになった。とにかく、君に早く考えてほしいので、取り急ぎ出張先に電話した。返事は秋まででよい」とのことであった。

私は、国税庁を無事退職したら、事務所を開き、身に付けた公認会計士、税理士、不動産鑑定士等の資格を生かそうと考えていたので大変困惑した。それに、30数年、国家公務員として組織優先の仕事をして来たので、自由な身になりたいとも考えていた。また、経済的にも、今までの安月給生活から卒業できるのも夢であった。しかし、「返事は秋（11月）まで」ということだったので、保留したまま、次の人事異動の内示を受けた。行く先は、高松国税局長であった。「国税局長」は税務行政の仕上げができるということで期するところがあった。

7月早々に高松に赴任した。すでに梅雨も明け、カンカン照りの日々が続いていた。その後、間もなくして市内一斉に水道の使用制限が始まった。庁舎内も、冷房は水を使うということで扇風機に代わった。レストラン、バーに行っても、食器は洗えないということで、使い捨ての紙コップ等が使われた。家庭では風呂にも入れない状態であったが、物納財産の払い下げであった古屋の局長官舎には井戸があったので、何とかその難は免れた。そして、テレビをつければ毎日のように、干上がった四国の水瓶・早明浦ダムが写し出されていた。

また、庁舎では、水道が使えないということで、庁舎内の掃除もままならず、官用車も埃にまみれたままであった。しかし、庁舎の敷地は河川敷であったので、井戸を掘れば水が出るはずであると言われた。ならば、井戸を掘ればということになったが、予算がないという。

そこで、早速、上京し、国税庁会計課に高松国税局の窮状を訴え、予算を付けてもらうことにし、井戸掘りも成功して何とか難を逃れた。なんと、国税局長としての初仕事が井戸掘りということになった。

国税局長としての仕事は、やろうと思えばいろいろなことができた。まず、局内の職員の話をできるだけ聞くようにして、外に出れば、税務署の職員や関係団体等の納税者たちの話もできるだけ聞くようにした。そして、話す機会も多く作り、自分の考えも率直に話し、理解を求めることにした。そうこうしている中、筑波大学の話の返事の時期があっという間に近づいて来た。それでも、なかなか吹っ切れないでいると、妻から「お父さんは事務所を開いて商売人になるのは似合わないし、お金のために頭を下げてほしくない。安月給には慣れているから、せっかくのお話を受けたほうがいい。1年やって後悔するようであれば、そのときに事務所を開ければよい」と言われた。どうも、女性の方が肝が据わっているようである。H人事課長には「筑波大学に行く」旨伝えたところ、同課長からは「そうなるであろうと思っていたから、他の人に行ってもらうことは全く考えていなかった」と言われた。

そして、「行くなら、国税庁の定期異動の7月ではなく、先方が希望する4月にしてほしい」とのことであったので、それも承諾することにした。

これで、国税局長としての任期も半年足らずとなったが、局長が任期の途中で辞めるということは職員の士気にも関わることなので、高松では一切口に出すことはなかった。そして、前述のように、黙々と職務をこなしていたが、一つ気になることがあった。それは、国税庁の課長補佐時代、高松国税局に出張した際、職員との話し合いの中で、東京でも話題になっていた「調査の高松」ということを実感していたが、国税局長として職員と話し合う中で、それが実感できなくなったことである。その原因がどこにあるのか？　残された任期の中でそれを探ることも重要な課題となった。

46　阪神淡路大震災

平成7年1月17日早朝、震度5強の激しい揺れで目が覚めた。住んでいた官舎は、物納された築75年の古屋であり、国税局長がここで潰れるのも何かの因果かもしれないと思った。難を逃れ出勤すると、局員の多くの方が大阪方面に家族等がおられるので騒然としていた。それらの対応を済ませた後、予定していた徳島に出張し、帰りの車の中で、村山富市総理の談話を聞くことになった。総理から「消防、警察が一丸となって対処するように」というお話があったが、「自衛隊」の自の字もなかった。いくら「自衛隊嫌い」でも、これでは助かる人も助からないと憤慨していた。

翌18日には、T国税庁長官が予定通り視察に見えられた。長官から、開口一番「高松のことは君のことだから問題はないと思う。問題は、来月16日から所得税の確定申告が始まる大阪国税局のことだ。どう対処したら良いか何か知恵はないか」

と尋ねてこられた。確かに、このままでは被災者の方に、平成6年分の所得税について確定申告を強制することになり、申告しなければ、税務署長が税務調査を強行して、所得税の決定処分と無申告加算税の賦課決定処分を行い、それらの税額と延滞税を追徴しなければならないことになる。このようなことは、いかに法律の規定であると言ってもあまりにも被災者の実態を無視したことになり、税務職員にそのような惨い課税処分と徴収処分をやらせるわけには行かないであろうと考えられた。

ならば、法律がそうであれば、その法律を変えればよいことになる。そこで、長官に対し、「この際、緊急に法律改正をし、この度の震災の災害損失（雑損失）を平成6年分以前の所得金額から控除できる特例を設けるべきである。また、特例には通常、申告要件がつきものであるが、この特例の適用に関しては申告要件を付けないことにしたらどうですか」と提案した。その考えの裏には、前年の管理課長時代に、特例物納という遡及立法を実現させた経験があったので、そのことも説明した。

T長官は、私の説明を聞いた後、「それしかないな」と頷いて、その場で直ぐ、

O主税局長に電話した。O主税局長からは「そのような租税法律主義に反するような無茶な法律は作れない」旨の返事のようであった。しかし、T長官は「この非常時には、君の提案しかない」と言われた。当時、T長官は、銀行局長から国税庁長官になられ、それまでも税歴が浅かったのに対し、O主税局長は主税局の経験も長く、租税の精通者として知られていた。そのこともあって、その後の成り行きを案じていた。

ところが、T長官が帰庁後20日ほどで、震災対策のための緊急法案が成立し、私が提案した遡及立法もほぼ実現し、2月16日の申告期限に間に合うことになった。そこには、T長官の説得力とO局長のご理解があったからに他ならないはずである。私はT長官の行政手腕に感動した。また、時の村山総理も、「餅屋は餅屋」に任すという姿勢を貫いたお陰でもあると、時の政権への評価も改めることにした。これは6年後の東日本大震災のときに、同じような緊急立法が必要とされたのに、時の民主党政権が政治主導の名目のもとに官僚の力を軽視（排除）したために、その立法化が二転三転したことがあるが、どちらが国民の利益になったのかを考えさせられるところである。

あの阪神淡路大震災から十数年後、某眼科診療所の待合室でO主税局長にバッタリ会った。それほど面識があったわけでもないのに、先方からにこやかに話しかけてくれた。「あの阪神淡路大震災の際の税制改正はうまくいった。それにしても、この間の東日本大震災の対応はお粗末であった」と言われた。私は、あのときのT長官にせよ、O主税局長にせよ、困難に立ち向かった古き良き大蔵官僚に感動していた。

それにしても、私は、国税庁で賦課を担当していたときには、「税金取りの鬼」「鬼の品川」などと誹謗されたことはあるが、その後の特例物納といえ、阪神淡路大震災の際の救済措置の提案といえ、それなりに納税者の救済に尽力したはずなのに、一度も「仏の品川」と言われることはなかった。これも、私の不徳の致すところであるとあきらめることにしている。もっとも「税金取り」にとっては、「仏」は似合わないのかもしれない。

47　最優秀公務員集団であれ！

阪神淡路大震災の混乱の中、国税局長としての最後の仕上げも近づいて来たが、やはり気になったのは、かつて、「調査の高松」と言われたのに、その調査力に陰りが見えてきたということである。例えば、ある会議で、パチンコ業界に対する調査のあり方が議題になったとき、総務の方から「あの業界は問題が多いから、できるだけ触らないほうが良い」旨の意見があった。私は、「問題があるから調査をする必要があるのではないか？　また、問題が生じたらそれに対応するのが総務の仕事ではないのか」と反論した。しかし、それでも説得することができなかったようである。

私自身、普通科に入所したとき、自分の学歴からみて出世できるとも思っていなかったので「日本一の調査官になろう」と肝に銘じていた。それだけに、調査への思いが強く、その思いは、「30」の「知・根・勘・格」でまとめたところである。

しかし、これは、個人の思い込みだけではなく、税務職員の資質を高める根源であり、かつ、退職して第二の人生を税理士等として働くときに、現役時代の調査力は必ず役に立つはずであると考えている。

そこで、管内の税務署を視察したときには、必ず統括国税調査官（徴収官）との会合を設け、調査のあり方について意見交換をした。そして、最後に、彼らの退職後のことについて、当時、署長クラスにならないと退職時は仕事の斡旋もないことも考慮して、「皆さま全員が署長になれるわけではないが、退職後はほとんどの方が税理士等として税金の経験を生かして第二の人生を歩むことになると考えられる。その場合、税務調査、税法解釈等の実務能力が重視されることになる。『統括官』として数名の部下を管理しているだけではその能力は身に付かないはずである。率先して調査の現場に出て部下の指導に当たるとともに、自らもその事案の調査のあり方を考えるべきである。皆さま方の肩書は『統括官』ではなく、『統括国税調査官』すなわち『プレイング・マネージャー』である。『プレー』（調査）しながら、マネージ（管理）するのが期待されているはずである。それを実行すれば、実務能力が磨かれ、それが第二の人生の武器になるはずである。もちろん現在の調査水準もアップして、税務行政の目標である申告納税の適正化に寄与するはずである」と語った。私の当時の思いは、その後、税理士法人の代表社員を務めることにより、ＯＢ税理士とも仕事をともにするようになってから一層実感することとなった。

阪神淡路大震災の後、税務署としては最大の年中行事である所得税の確定申告が始まり、各署を回っているうちに大過なく終わった。それが落ち着いた後、国税局の幹部の前で3月いっぱいで退職することを初めて告げた。そのことは内々であるにせよ、局長としての残務が滞りなく処理することと、次の局長への事務引継ぎが円滑に行くように協力を依頼した。当時の幹部は、私の立場をよく理解してくれて、私の要請に良く応えてくれた。

そして、局長として最後の日を迎えることになった。局員が全員集合する中、お別れのあいさつをした。そのあいさつの中で、高松での数々の思い出を語り、全員が職務を全うしてくれたことを感謝し、最後に「国税庁は、税務大学校という行政庁の中では最も優れた教育施設を有し、それに見合った職員教育が行われ、かつ、職務の困難性があるがゆえに、職員は日々学び鍛錬が要求されている。そのため、税務職員は、最優秀な公務員集団であると言える。どうか、この伝統を大切にして、いつまでも最優秀公務員集団であることを願っている」と結んだ。

国税局長としての仕事は、これで終わったわけではなかった。その足で上京し、国税庁で退職辞令をいただいた後は、翌日、筑波大学で「教授」の辞令をいただき、高松に戻って、数日かけて管内のあいさつ回りをすることになった。そして、最後は、筑波大学の講義の合間に、国税局・税務署幹部の平成6年度の勤務評定をすることになった。このような目まぐるしい日々ではあったが、国税庁の職員として33年間勤め、数々の思い出深い仕事をすることができたことに、今でも深い感謝の念を忘れないでいる。

筑波大学の頃

48 「(男）芸者」

平成7年4月、筑波大学教授就任に当たって、国税局長の退任あいさつ等もあって、高松→東京、東京→高松、高松→東京と目まぐるしく1週間が過ぎると、翌週には教壇に立つことになった。所属は、大学院経営政策科学研究科企業法学専攻であり、国立大学としては初めての社会人専門の大学院（夜間）であった。

ところで、大学教授すなわち「学者」とは何者かということになるが、当時、物の本に書いてあったのか、他人から聞いたことなのか今となっては定かではないが、「(男）芸者」である、ということを知らされた。この言葉は、まさに「言い得て妙である」。確かに、芸者も学者も芸（理論）を磨かなければならない。そして、その芸（理論）を披露する「お座敷」が必要になる。学者にとっての「お座敷」は、差し当たって所属する大学の教壇があるが、それだけでは芸（理論）の発揮や磨きが制限されることになる。それに、他に「お座敷」がかからない学者は、学生からもそっぽを向かれることになりかねない。そのため、学者は、学会はもとより専門雑誌等への執筆、各種研究会、審議会等への参加、講演、各種団体の役員等に励まざるを得なくなる。そして、それらの「お座敷」に出ることが、学者としての理論を磨き名声を高めることになる。しかし、そのような「お座敷」はそのスポンサーからお呼びがかからないと参加することができない。

すなわち、そのようなスポンサー等からお目を掛けてもらえるかどうか、また、ご意向に沿うことができるかどうかが問題である。さらに、芸者には「芸は売っても、身は売らぬ」という言葉がある。問題はそのことをどこまで貫くことができるかどうかである。この場合、身を売って特別の「お座敷」を手に入れることもできるであろうし、身を売らないことによって、かえって名声を高めることになるかもしれない。学者にとっても、「お座敷」の中で「自分が正しいと考えている説を曲げる（身を売る）」か否かの選択を迫られることにもなり得る。

我が身を振り返ってみると、幸いなことに大変多くの「お座敷」からお声をかけていただいたようにも思う。筑波大学時代は、体力的に余裕があったこともあり、午前・午後と別々の講演や研究会等に出席し、夜は本番の教壇に立ち、休日は講義の準備、論文指導、執筆等に明け暮れていた。そのため、税法を見ない日は年に数日しかないという状況であった。そのことは、結果的に理論を磨くことと「お座敷」の数をこなすことが常に比例するわけではなく、「お座敷」の数をこなすことがかえって理論（芸）を雑にしてしまうことに気付くようになった。そのため、次第に「お座敷」の数をこなすことよりも理論（芸）を磨くことを重視するように心掛けた。

次に、芸者が「身を売る」か否かを悩むように、私にも同じようなことを考えさせられることがあった。前述のように「お座敷」へのお呼びはスポンサーの意向によるが、せっかくお呼びいただいた「お座敷」でスポンサーの意向に沿わないような「正論」を述べると厄介なことにもなる。私自身、どのような「お座敷」でも「正論」と考えたことを述べるように心掛けてきたが、そのため「お座敷」を外され、そのスポンサーから二度とお呼びがかからなくなったこともある。そして、租税を研究する者にとっての最高の「お座敷」は「政府税制調査会」であるのかもしれないが、私自身、そこからは一度もお呼びいただくことはなかった。それがまさに「傍流」であることの証なのであろう。

また、租税というものは、納付する人と利益を受ける人、租税の種類とその負担方法、実際に納税する人（それを代理とする税理士）とそれを賦課・徴収する人（課税庁）とでは、それぞれ考え方も異なり、それぞれの「正論」も異なることにもなる。自分では「正論」と考えたことを述べても、それぞれの立場の人からは「けしからん奴」と思われるかもしれない。考えてみれば、学者が「正論」を吐こうとすると、スポンサー以外からも叩かれることがあるので、芸者よりもつらいのかもしれない。

49　教え子に教わる

筑波大学大学院では、社会人専担であったがゆえに、多様な学生が指導の対象であった。年代的にも、学部を卒業して就職したばかりの人から70代、80代の人と相当格差があった。私が50代前半であったこともあり、最初の頃は年配の学生の方が多かったようである。彼らの目的も多様で、その目的に感じさせられることが多かった。最近では、大学院で租税法を履修することは、税理士試験の科目免除を得るのが目的であるかのように言われているが、当時は、そのような学生はほとんど見かけなかった。むしろ、現役の税理士や公認会計士の学生も多かった。

その中で、私自身、貴重な体験をすることになった。世に、「負うた子に教わる」という言葉があるが、教え子の学生から実に多くのことを学ぶことができた。それは、彼らの大半が私よりも年配で社会人経験が豊富なため当然のことでもあった。まさに「教えることは、教わること」を実感でき、彼らとの個人的な交誼を通しても貴重な経験をした。そのような経験をいくつか紹介したい。

その一人はKさんであった。彼は、第二次世界大戦に参戦し、砲撃を受けて若干耳の不自由な方で、講義もいつも先生の一番近いところで聞いていた。復員後、東京大学を卒業して弁護士となり、弁護士会の重職を務め、虎ノ門近くに立派な事務所を構えていた。博士課程にも進学し、80歳で無事博士論文を書き上げて卒業した。その業績については、当時の朝日新聞でも紹介された。彼の専攻は商法であったが、租税法にも興味を持たれ、私の講義もよく受講してくれた。講義終了後、個人的にも、よく話し合い、お世話にもなったが、彼が「銀座辺りで飲んでいるより、ここで勉強しているほうが楽しい」と言っていたことを今でも思い出している。また、当時、「大学の法学部で5年以上法律学の教授をすると弁護士を登録できる」ということであったが、筑波大学には「法学部」がないから難しいのではないかと言われていた。しかし、Kさんから「先生にはぜひ弁護士になってほしい。僕に登録のための委任状を書いてください」と言われた。言われるままにKさんに従うこととし、貴重な弁護士経験をすることができた。彼とは卒業後もお付き合いが続いたが、自身が75歳となり、80歳となったとき、彼のような向学心が持てるかと自問してきた。

二人目はIさんである。彼は、某大手企業の専務のときに社長候補の一人であったようであるが、社内闘争の末、子会社の社長に転出した。その仕事に時間の余裕もあったということで、修士課程に入学してきた。私よりも7歳ほど年配であったが、穏やかで芯の強い方であった。租税法の講義も熱心に受講され、意気投合することが多かった。そして、二人で食事した際、教授である私が支払を済まそうとしたとき、彼から「教室を出たら教授・学生の関係ではない。しかも、僕は同じ大学の同じ学部の先輩であるから任せなさい」と言われた。私は、大学を通信教育で卒業しているから、先輩、後輩、同級の関係のない全く孤独な学生であったため、彼の「先輩」の一言に熱いものを感じた。彼との交友はその後も続くことになったが、古稀を前に亡くなられたのが大変残念であった。

三人目は筑波大学時代の晩年、企業法学専攻にも博士課程ができ、租税法専攻の1期生としてSさんが入って来た。彼は建設省入省後、国土庁の次官級のポストを経て、某公団の副総裁、某大手不動産会社の副社長から同社の顧問となり、時間ができたということで、土地税制について博士論文をまとめたいとのことであった。彼との議論の中で、彼が、私が国税庁資産評価企画官時代に大変お世話になったM長官の親友であることを知った。それが縁で、赤坂の料亭で二人からごちそうになり、M長官から「Sが3年間で卒業できるように頼んだぞ」と発破をかけられた。私は、彼の論文を我が事と思い、一緒に土地税制を勉強・研究し、見事、3年間で彼の博士論文ができ上った。彼は、卒業後も、大学内の勉強会に毎回のように出席していたが、その研究熱心にいつも感心していた。

以上の3名の他、年上年下の関係なく、多くの学生から教わることが多かったし、人生の友になる人が多かった。今考えても、ありがたい経験であったと感謝している。

50　固資税の7割評価

筑波大学勤務の初期に租税法の解釈について最も物議を醸したのは、固定資産税の土地の評価額が公示価格水準の7割になったことである。「39」では、公的土地評価の一元化論争の中で、相続税の土地評価額については公示価格水準の8割評価になった顛末を書いた。その一元化論争の中で、当時の自治省は、固定資産税は収益課税であるから公示価格水準に近づけることは困難である旨主張していた。そのため、土地保有税について、国税である地価税が導入された。この地価税導入は、土地保有税は地方税の牙城であると考えていた地方税当局に衝撃を与えることになった。かくして、自治省は、資産評価システムセンターの「土地評価に関する調査研究」を盾にして、平成4年1月に、平成6年度の土地評価額から公示価格水準の7割評価にする旨の事務次官通達を各都道府県知事に発した。その結果は、平成6年度の評価額が前年度に比し、全国平均で数倍、大都市部で約10倍強の評価額となった。そのため、その評価額を不服として、不服審査の申出が2万1０００件を超えるという未曽有の事態が生じ、多くの取消訴訟を惹起することになった。それらに対処するため、公示価格水準の７割土地評価額からさらにその７割に抑える旨の負担調整措置が講じられ、住宅用地については、２００㎡まで当該評価額の６分の1に減額するための立法措置まで講じられることになった。

ところで、地方税法上、土地の固定資産税の課税標準は、1月1日現在の当該土地の「適正な時価」によるのであるが、その「適正な時価」は、最高裁判決によると「客観的な交換価値」ということ（最判平15・6・26等参照）になり、相続税等と同様に解されている。他方、標準税率は、固定資産税1・4％、都市計画税０・3％であり、合計1・7％の保有税が毎年課せられることになる。

このような税負担を現実の経済生活に当てはめてみると次のようになる。例えば、定年退職したサラリーマンが退職金等を元手に６０００万円程度のマンションを取得して老後を暮らそうとすると、毎年１０２万円の固定資産税が課せられることになり、さらにマンションの管理費等年数10万円を考慮すると、年２００万円程度の年金収入と対比すると、いかに非現実的な税負担になるかが分かる。

また、最高裁平成18年10月10日判決の事案では、共済組合が経営する保養施設（ホテル）の平成12年度固定資産税負担額の是非が争われていたが、同施設の1室1日当たりの固定資産税負担額が約３０００円であった。当時の同施設の1泊当たりの使用料が７０００～８０００円程度であったことを考えると、当該固定資産税負担額がいかに非現実的であったかが分かる。それでも、上記の最高裁判決は、下級審の静岡地裁平成15年5月29日判決及び東京高裁平成16年2月25日判決が、固定資産税の土地評価額は「客観的な交換価値」で評価すべきとして納税者側の請求を棄却したものを相当と認めている。

このような矛盾した問題が生じる原因の一つは、土地の保有を前提にしてその年々の収益（この場合、賃料であれば当該土地の価額の2～3％に過ぎず、居住用であれば単なるインピューテッド・インカムに過ぎない）に税負担を求めようとする保有税たる固定資産税と、土地の取得又は譲渡から生じる利得（この場合、当該土地の価額の最大１００％になる）に税負担を求めようとする取得税又は譲渡税である相続税、所得税、法人税等と、それぞれの土地の評価額を「客観的な交換価値」と同一に取り扱うことである。もう一つは、本来、保有税たる固定資産税の土地評価額は、かつて自治省が主張していたように、収益価格によるべきであろうが、それが実務的に困難で公示価格のような客観的指標に頼らざるを得ないというのであれば、保有税率１・７％が高すぎるということである。かつて、土地バブルの頃の土地の賃料が取引価格の１～２％と言われたが、それを上回る保有税率はいかにも不自然である。

ともあれ、固定資産税の負担は、現在、前述の小規模宅地の立法上の措置や商業地等における負担調整によって小康状態にある。しかし、今後、地方財政の状況によって、税収を確保する見地から上記の特例を見直して本則課税に戻すべしとする議論が起こることが十分考えられる。いずれにしても、固定資産税の評価のあり方や税率のあり方には今後とも注目する必要がある。

51　利益比準3倍

国税庁資産評価企画官時代、節税封じのために各種の通達改正を行ったことを述べた（「34」～「40」）。その背景には、主として、取引相場のない株式の評価について、長年、事業承継を円滑にするための各種の措置（評価減）がとられてきたため、相続税法上の「時価」よりも相当低額に評価されてきた。それに反し、当時、事業承継の円滑化に逆行するような通達改正を行ったということで、中小企業関係者から厳しく非難されたことがある。

このような事業承継の円滑化の一環として、平成12年にも、重要な評価通達の改正が行われた。それは、類似業種比準方式について、比準要素である1株当たりの配当金額（B）、同利益金額（C）、同純資産価額（D）の比準割合がそれぞれ1（分母3）であったのを、利益金額（C）のみ3（分母5）とした。これは、中小企業が上場企業に比して一般に収益力が低いから、中小企業の類似業種比準額が大幅に下がると考えられたものである。そしてこれによって、中小企業の８割の株式評価額が引き下げられ、事業承継の円滑化に寄与するものと考えられた。確かに、この考え方は、一般論としては妥当なものであろう。

しかし、中小企業主の相続に当たって相続税を負担するのは、収益力の高い優良企業である残りの２割程度であろうから、前述の推論は成り立たないことになる。当時から、私は、日本商工会議所の税制審議会の委員を務めていたが、同審議会の企業側代表の委員の多くから、「会社の顧問税理士から、今回の通達改正によって自社株式の評価額が大幅に下がるはずであるから、事業承継の税負担が楽になる旨説明を受けていたが、実際に評価してみると、逆に、評価額が大幅に上がることになった。顧問税理士が間違っていたのか、通達改正が間違っているのか、説明して欲しい」旨の発言があった。このような不満は、中小企業庁にも多く寄せられることになった。

かくして、中小企業庁から依頼があり、「事業承継・第二創業研究会」を立ち上げ、事業承継対策のために幅広い意見をまとめたいということで、その研究会の座長を務めていただきたいとのことであった。かつて、国税庁資産評価企画官時代に、節税封じのための株価通達を厳しく改正したということで、「中小企業の敵」と呼ばれたこともあったことを思うと、中小企業庁の度量の広さに感心し、快く引き受けることにした。

研究会には、中小企業団体の役員、税理士、弁護士等の専門家、税法・商法学者等幅広い関係者が集った。研究会発足の趣旨については、事業承継対策のために従来から評価通達上の株式評価額の引下げを要求してきたが、今回の利益（C）比準3倍のような逆効果もあったので、幅広い意見を取りまとめ、今後の事業承継対策のために活かしたいとのことであった。研究会では、種々の意見が出され、中には、「非上場株式は、取引がないのであるから、零評価すべきである」との無謀な意見もあった。これらの意見の集約については私のかねての持論である「事業承継対策には、相続税法上の『時価』の解釈ではなく、立法上の措置が必要である」旨の方向で取りまとめることができた。

中小企業庁は、その報告を受けて、素早く立法化に動き出した。私は、自分が公務員であったこともあり、当時の中小企業庁の幹部の行動力には感服した。

そして、平成14年度税制改正で成立したのが、租税特別措置法69条の５（特定事業用資産についての相続税の課税価格の計算の特例）の中で、特定同族会社株式等について、その評価額につき最高３億円までの10％相当額を控除するというものであった。しかし、中小企業の経営者も当時よく利用していた同法69条の４に定める「小規模宅地等についての相続税の課税価格の計算の特例」との選択適用にする、というものであった。

この税制改正については、その効果が限定的なこともあり、当時、資産税専門家と称する税理士等から、「何の役にも立たない」旨の批判が専門誌等に寄せられた。しかし、この税制改正の最大の効果は、事業承継対策のために、立法化する窓口が開け、現在の納税猶予制度につながったことである。当時の資産税専門家たちにもそのことに気付いてほしかった。

52　法人税法132条の2

現在の税制上の課題の一つとして、ますます巧妙化する租税回避行為に対して、我が国においても一般的否認規定を設けるべきか否かという議論がある。それは、国際課税上のＢＥＰＳ問題によって再燃しているようであるが、我が国においては60年以上前からの課題である。すなわち、昭和37年の国税通則法の制定に当たって、その前年の政府税制調査会による「国税通則法制定答申」において、実質課税の原則を具現する方法として、国税通則法の中に、租税回避行為に対する一般的否認規定を設け、かつ、所得税法等に定められている「同族会社等の行為又は計算の否認」の規定を「同族会社等」に限定せずに他の会社に対しても適用し得ることにする、というものであった。

しかし、このような答申は、当時の政治情勢の中で日の目を見ることはなかった。もっとも、国税当局は、右の答申の以前から、同族会社等の行為計算の否認規定は創設的規定ではなく確認的規定であると考えていたので、非同族会社等に対する租税回避行為に対しても右の確認規定を援用して課税処分を行ってきた（なお、同族会社等の行為計算の否認規定に類似する昭和25年制定の推計課税の規定については、最高裁昭和39年11月13日判決等によって確認的規定であることが明確にされている）。

かくして、非同族会社等に対する租税回避否認の課税処分の是非は、法廷でも争われることになったのであるが、下級審の裁判例では、適法と認めるものと、違法とするものに分かれた。概ね前者が3割程度、後者が7割程度であった。さすれば、最高裁判所が決着をつけるものと考えられていたが、平成13年度税制改正において、法人税法における組織再編税制の導入に当たって、法人税法１３２条の２（組織再編成に係る行為又は計算の否認）の規定が設けられた（平成14年度税制改正における連結納税制度の導入に当たっては、同法１３２条の３（連結法人に係る行為又は計算の否認）の規定が設けられた）。

法人税法１３２条には、「同族会社等の行為又は計算の否認規定」があるが、これが確認的規定であれば、わざわざ同法132条の2を設ける必要がないわけである。ところが、同法132条の2を設けたことは、同法132条が確認的規定ではないことを法律によって明らかにしたことになる。このような立法の解せないことは、5階（国税庁）の訴訟担当者が、法人税法132条が確認的規定であることを法廷で争っているさなかに、2階（財務省主税局）がその梯子を外したことになることである。このような5階と2階の意思疎通の悪さは、5階の勤務時代に私自身も何度か味わっているので、このときも苦笑することとなった。

ともあれ、法人税法132条等に定める同族会社等の行為計算の否認規定が創設的規定であるとすると、一般的否認規定の要否が再燃することになる。しかし、当時、既に前述したように、裁判例では、同族会社等の行為計算の否認規定が創設的規定であるとするのが多数であり、学説上も次のような考え方によって、一般的否認規定の導入を否定する説が支配的になっていた。

「法律の根拠なしに、当事者の選択した法形式を通常用いられる法形式に引き直し、それに対応する課税要件が充足されたものとして取り扱う権限を租税行政庁に認めることは、困難である。また、否認の要件や基準の設定をめぐって、租税行政庁も裁判所も極めて複雑なそして決め手のない負担を背負うことになろう。したがって、法律の根拠がない限り租税回避行為の否認は認められないと解するのが、理論上も実務上も妥当であろう」

このような説は、要するに「一般的否認規定は執行困難である」ことに尽きる。しかし、一般的否認規定に類似する同族会社等の行為計算の否認規定が、既に、何十年間にわたって、租税行政庁において執行されており、かつ、当該課税処分の適否が法廷でも裁かれているのに、否認対象が非同族会社も含むことになると、途端に「執行困難である」というのも、解せないことである。ともあれ、この問題は別途論じることとする。

53 シングルかダブルか？

平成14年には、商法の計算規定が大幅に改正されることになった。すなわち、平成13年までは、財産評価の原則、各資産の評価方法、繰延資産の計上と償却、引当金の設定等の会社計算規定が商法本法に定められていた。ところが、昭和末期から平成にかけての金融商品市場の国際化に対応し、投資家に対する会計情報の国際化すなわち「会計のビッグバーン」が叫ばれることになった。具体的には、会計基準が投資家の要請によって逐次見直しが求められ、その根底には、国際会計基準の重視すなわち従前の取得原価主義重視から時価主義重視への移行があった。

このような会計基準の変遷は、主として、証券取引法（平成18年以降、金融商品取引法）に係る会計基準に求められることになったが、当時の商法における計算規定にも影響を及ぼすことになった。ところが、商法における前述の計算規定は、商法本法に定められているが故に、些細な改正であっても、全て国会の審議に諮らなければならないことになる。それでは、流動的な会計基準の変遷に対応できなくなる。

それではということで、証券取引法会計の詳細が内閣府令である財務諸表等規則等に定められていることに倣い、商法上の計算規定も省令化することになり、平成14年度の商法改正で実現した。そうなると、その省令においても、国際会計基準の影響が生じることも考えられるが、国際投資家には縁がなく、それがゆえに国際会計基準に対処する必要性の乏しい中小企業（会社）に対しても、その省令を強制する必要があるのか否かが問題となった。

そこで、当時の中小企業庁の担当課長の話によると、中小企業庁では、中小企業庁のための会計基準のあり方を検討する必要があるということで、最初は金融庁に対し、中小企業のための会計基準を設定して欲しい旨依頼したところ、「我々は証券取引法会計の会計基準を作るのが担当だ」と断られ、法務省に対し、中小企業のための計算規則（会計基準）を設定して欲しい旨依頼したところ、「我々は法律を作るのが担当で会計基準を作るのは担当ではない」と断られたという。

そのため、中小企業庁は、全ての中小企業問題を取り扱わざるを得ないということで、「中小企業の会計に関する研究会」を立ち上げた。その研究会には、会計学者、商法学者、中小企業の各団体、日本公認会計士協会、日本税理士会連合会の代表が集まり、租税法学者として私一人呼ばれることになった。研究会では、種々の意見が出されたが、結局、会計基準は一つであるべきとするシングルスタンダード派と二つでも構わないとするダブルスタンダード派に二分された。私は「大学生の制服と小学生の制服は仕立てが異なっても良い」としてダブルを支持した。結局、その研究会では、シングル、ダブルの両論を併記し、実務を担当する日本公認会計士協会と日本税理士会連合会に具体的会計基準を作成することを委ねた。

私は、その後、日本税理士会連合会の依頼を受けて、同会に設置した「中小会社会計基準研究会」の座長を務めることになった。同研究会には、会計学者、商法学者、税理士が集まり、ダブルの立場で、「中小会社会計基準研究会報告書」を取りまとめることになった。その会計基準は、従来の企業会計原則の基となっている取得原価主義に基礎をおくもので、現行の「中小企業の会計に関する基本要領」に類似するものであった。そして、その会計基準は、平成14年末の日本税理士会連合会正副会長会議で税理士が拠るべき会計基準として採択された。

他方、日本公認会計士協会は、平成15年6月、「中小会社の会計のあり方に関する研究報告」を取りまとめ、公認会計士が中小企業会計に関与する指針とした。この研究報告は、シングルを基調とし、国際会計基準に同調しつつある証券取引法会計の会計基準に準じようとするものであった。かくして、同じ中小企業会計の中では、シングルとダブルが併存することとなった。そして、平成17年の会社法制定によって会計参与制度が導入されることもあって、後述するように、新たな展開を迎えることになった。

早稲田大学の頃

54　税法と会計

平成17年3月の筑波大学の定年退職が近づいた頃、国税庁人事課長から呼び出しがあった。筑波大学の後任は国税庁の後輩が来るということでほっとしていたが、人事課長から「このたび、早稲田大学大学院に公認会計士養成を主目的として、修士課程に『会計研究科』が設置されることになった。ついては、早稲田大学から、会計と税法の実務が分かる税法学者を推薦してほしい旨要請が来ている。君をぜひ推薦したいが引き受けてくれないか」との要請であった。私は、筑波大学が終わったら自由にやりたいと思っていたので、「最近、後輩の再就職も大変のようですから、後輩に譲ってほしい」旨告げ、断ることとした。しかし、人事課長から「早稲田大学に人を送り込む絶好のチャンスであるから、是非君に行ってほしい」旨再度の強い要請があった。私が「国税庁を退職して10年過ぎても職務命令ですか？」と尋ねたところ、人事課長から「そうだ！」と言われたので、やむを得ず引き受けることにした。

当時、公認会計士の大量養成の必要性から、大学院で所定の単位を終了した者は公認会計士の受験が容易になるということで、全国に会計専門の大学院が設立された。その中で、早稲田大学の会計研究科には定員数倍の受験生が集った。また、公認会計士、税理士等の実務経験者には、1年で修士課程が卒業できるという特別コースも設けられていたので、数名の有資格者も入学してきた。租税法については、私と公認会計士経験の二人で担当することになり、希望者に対して修士論文の指導をすることになった。また専属教官については、私以外は会計（又は商法）を専門としているので、「法律のカルチャー」から「会計のカルチャー」に移転した思いであった。もっとも、このカルチャー・ショックについては、公認会計士の受験時代以降、「会計の本質とは何か?」ということを考えてきた私にとっては何か里帰りしたような気持ちにしてくれた。

この平成17年には、商法から会社法が独立し、会社法の中で会社関係規定が取りまとめられることになった。その新法において、会社役員として「会計参与」制度が設けられた。会計参与は「取締役と共同して、計算書類〈略〉及びその附属明細書、臨時計算書類〈略〉並びに連結決算書〈略〉を作成する。この場合において、会計参与は、法務省令で定めるところにより、会計参与報告を作成しなければならない。」（会社法374①）ことになる。そして、会計参与は「その職務を行うに際して取締役の職務の執行に関し不正の行為又は法令若しくは定款に違反する重大な事実があることを発見したときは、遅滞なく、これを株主〈略〉に報告しなければならない。」（同法375①）など各種の権限が与えられ、その報酬等についても、定款又は株主総会の決議によって定められることとされた。

この会計参与制度に最も強い関心を寄せているのが日本税理士会連合会であった。税理士は、通常、多くの中小会社を顧問先としているが、それらの会社が会計参与制度を導入すると、税務顧問としての顧問料と会計参与報酬が二重に受けられることが夢想された。これは、税務と会計の両方の専門家であることを自称している税理士にとって、職域拡大の最大のチャンスであるかのように考えられた。そのため、日本税理士会連合会においても、会計参与の普及のための活動方針が強化された。

しかし、税務調査等の経験を通して中小会社の財務の実態の厳しさをそれなりに理解している私にとって、税務顧問料と会計参与報酬を二重に支払うことができる中小会社がどれだけ存在するかは甚だ疑問であった。

ともあれ、会計参与については、それに相応しい「会計基準」が必要であるということで、平成14、15年に、日本税理士会連合会等によって制定された中小会社会計基準等が再度見直されることとなった。そして、平成17年8月に誕生したのが、企業会計基準委員会、日本公認会計士協会、日本税理士会連合会及び日本商工会議所連合の「中小企業の会計に関する指針」である。それはまた、追って述べるように、新たな問題を惹起することになった。

55　医は仁術か算術か？

平成17年から18年にかけては、医業の経営形態に重大な影響を及ぼす厚生労働省内の検討と医療法の大改正が行われた。このことは、単なる医業の経営形態に変更をもたらす問題にとどまらず、将来の医業の効率化にも影響し、ひいては、国民の医療コストの増大にも影響することも考えられ、看過できない問題である。

すなわち、医療法人の経営形態は、昭和25年の医療法の改正によって医療法人制度が設けられ、当初は、会社の株式に類似する社員の持分の出資を認め、その持分を強化することによって、医業経営の安定化とオーナーシップ経営による医業の効率化が図られ、それが国民の医療コストの低減に貢献するものと考えられてきた。そのため、医業の効率性と公益性とのバランスを図るために、社員等が出資する持分に対しては、退職等の際の出資の払戻しを含み残余財産の分配は認めるが、年次配当は禁ずる、という制度がとられてきた。

ところが、平成16年12月に「規制改革・民間開放推進会議」が公表した「規制改革・民間開放の推進に関する第1次答申」において、医業経営にも株式会社が参入できることを提言した。この提言に対し、厚生労働省・医業界は、大勢が反対することとなり、その理論づけのために、平成17年、厚生労働省内に「医業経営の非営利性等に関する検討会」が設けられた。私も当時、日本医師会の「医業税制検討委員会」の委員長を務めていたので、その検討会に委員として加わることになった。そして、その検討会は、平成17年7月22日付で「医療法人制度改革の考え方（報告）～医療提供体制の担い手の中心となる将来の医療法人の姿～」という報告書を取りまとめた。その結論は、医療法人が「営利を目的としない」ということを徹底する必要があるとし、そのため、医療法人の持分制度を廃止するというものであった。その論拠は、大審院昭和元年12月27日判決が「毎年利益配当しない場合であっても解散時に社員に残余財産を分配すれば営利法人になる」旨の判示をしていたことにあった。その検討会で、私は「医業の効率性の見地から一律に持分制度を廃止すべきではない、現行の年次配当が禁じられている制度の下では株式会社は容易に参入することはできない、仮に、持分制度を廃止するというのであれば、昭和39年の特定医療法人が設けられた際、関係3省庁によって移行時のみなし贈与課税等は行わない旨の覚書が取り交わされたが、それに準じた措置を講ずるべきである」旨を発言したが、採用されることはなかった。

かくして、平成18年の医療法人の改正に当たって、医療法人の持分廃止について、日本医師会の見解が求められたが、当時の幹部は、その廃止に安直に同意したとも聞いている。そして、同年に医療法が改正され、平成19年から施行されることになったが、持分制度に関する要旨は、「医療法人の持分は廃止する。よって、平成19年以降、従前の持分あり医療法人は『当分の間』その持分制度は認められる、持分なし医療法人への移行の際に生じるみなし贈与課税等の措置は講じない」というものであった。

その結果、医療法人の大部分を占めていた持分あり医療法人制度が、大混乱した。すなわち、持分を有する社員に相続が生ずれば、その持分の価額は株式並み（又はそれより高く）に評価されてその相続人に相続税が課税され、他の中小企業には認められている事業承継税制も、平成18年まで認められていたものの、平成19年以降、持分制度が「当分の間」しか認められないことを理由に、医療法人には認められなくなり、ならば、持分なし医療法人に移行しようとすれば、煩雑な認定医療法人として認められなければ、経過的に生じるみなし贈与課税等が生じることになった。

そして、最大の問題は、医業の効率性が失われ、医療コストが増大する、ことである。そのことは、医療法人の中で、持分あり医療法人の黒字率が一番高いことが実証している。結局、平成18年の医療法の改正は、医業における「医は算術と仁術のバランスを図ること」を無視し、国民の医療コストを増大させ、真の「公益性」を無視している。

56　役員給与課税

平成18年には、法人税法における役員給与課税の大改正があった。それ以前は法人税法34条から36条にかけて「過大な役員報酬等の損金不算入」「役員賞与等の損金不算入」及び「過大な役員退職給与の損金不算入」が定められ、その他、特殊関係使用人に対する給与及び退職給与の一部損金不算入が定められていた。これらの規定のうち、特に、役員賞与の損金不算入は、企業会計上、利益処分項目として取り扱われているからであるとされていたが、平成17年11月に、「役員賞与に関する会計基準」が定められ、役員賞与は原則費用扱いとされるなど、利益処分であるとする考え方が薄まってきた。また、従前から、我が国における中小企業の法人成りが多い一つの理由は、法人税法上、役員報酬が損金算入され、所得税法上、その役員報酬から給与所得控除を受けることができる、という経費の二重取りができるからであると指摘されてきた。

かくして、平成18年度の税制改正において、法人税法における役員給与課税が大幅に改正された。まず、法人税法34条は、そのタイトルを「役員給与の損金不算入」に改め、役員退職給与等を除く年次給与を損金不算入とし、同条1項が定める①定期同額給与、②事前確定届出給与及び③同族会社以外の法人の業務執行役員に対する利益連動給与についてのみ例外的に損金算入を認め、役員退職給与及び役員年次給与とも、不相当に高額な部分及び事実を隠ぺい・仮装したものは損金不算入とした。

このような改正のうち、特に解せないのは、企業会計にも役員報酬等の経費算入を幅広く認めている中、法人税法34条のタイトルを「過大役員報酬等の損金不算入」から「役員給与の損金不算入」に変え、役員給与を原則損金不算入としたことである。その上で、法律で定めたもの（お上が定めたもの）に限って損金算入を認めるという、いかにも「上から目線」的な規定にしたことである。その上で、「役員賞与」についても損金算入を認めることにしたが、「事前確定届出」という枠をはめて、企業業績が向上したことで、期末に支払われる臨時的給与の損金算入は認めないことにした。

もっとも、業績連動的な給与については、利益連動給与について、厳しい要件に該当するもののみ損金算入の道を開くことにしたが、それも同族会社に該当するものは除かれた。しかし、中小企業の場合は、ほとんどが同族会社であるが、その経営者の働きこそ企業業績に連動するから、同族会社である中小企業こそ、業績連動給与の道を開くべきである。

以上のような役員給与課税の改正は、要するに規則的な給与のみ損金算入とし、不規則的な（恣意的な）給与支給については、懲罰的に損金不算入とするいかにも役所的な発想ではある。しかし、企業の経営競争はますます厳しくなる中、経営の成果に見合った役員給与の支給（不規則的な支給）が一層求められていることを考えると、役員給与課税もそれらに対応した方法を採用すべきである。

次に、法人税法35条が「特殊支配同族会社の役員給与の損金不算入」ということで、特定同族会社の業務主宰役員に支給した給与に係る所得税法28条に定める「給与所得控除額」に相当する金額を損金不算入とした。これは、冒頭に述べた法人成りにおける経費の二重取りの道を塞ごうとするものである。確かに、当時、給与所得者の必要経費等に比して給与所得控除額が高すぎて所得税収等に悪影響を及ぼしている旨の批判はあった。しかし、所得税の問題（江戸の敵）を法人税で解決（長崎で討つ）しようとする手法であり、税制上、筋のよいものとは考えられなかった。そのため、税理士会等からの強い批判もあり、このような損金不算入規定は、平成22年の法人税法改正で廃止（削除）された。

なお、役員給与課税のうち、年次給与及び退職給与とも、「不相当に高額」の部分は損金不算入とされているが、その問題点については、「13」の「経営者の価値」として論じたところである。その後、約50年を経て、「相当の額」をめぐって、多くの裁判例で争われてきたが、問題の本質は変わってはいない。

57　非上場株式の納税猶予制度

平成17～19年の頃は、大学卒等の就職難の頃であり、将来の就職先を考えて大学院に入学する者もいた。他方、雇用の7割を支える中小企業においては、経営者の高齢化が急速に進む中、事業承継のための税負担や後継者不足もあって、事業の継続性の円滑化を図るために、平成14年に設けられた事業承継税制の一層の拡充が求められた。

そのため、中小企業庁の事業承継研究会と自由民主党の税制調査会小委員会がタイアップして事業承継税制等の拡充について本格的な検討が行われることになった。それらの検討の結論（報告書）では、税制面では、個人事業者に適用されている小規模宅地の課税特例に倣い、平成14年制定の同族会社株式等の課税特例を大幅に拡充しようとするものであった。しかし、平成21年度税制改正で設けられたのは、「非上場株式等についての贈与税・相続税の納税猶予」であった。「納税猶予」は、あくまでも一定期間納税を猶予するものであって、小規模宅地の課税特例のように、所定の課税価格を減額するものではない。これには、かつて、立法当局は、中小企業団体から「農業（農地）については手厚い納税猶予制度が設けられているのであるから、我々商工業にも認めるべきだ」という要望を受けていたので、それを逆手に取ったところがある。

この納税猶予制度の内容は、①後継者が贈与等で取得した株式につき、発行済完全議決権株式の3分の2を上限とし、②その非上場株式に係る課税価格に対応する相続税額（贈与税額）の80％をその相続・贈与段階では納税を猶予し、③経営承継期間内の一定期間の常時使用従業員数の平均値が、贈与又は相続時の常時使用従業員数の80％を下回った場合、猶予税額を全額納付となり、④その相続・贈与は代表者から1人の後継者への承継に限りとし（平成30年以降代表者以外も贈与可）、⑤所定の期間内に株式の譲渡等の確定事由が生じた場合には、猶予税額の全額納付となり、⑥海外子会社に対応する株式価格は対象外とする、等というものであった。

これらは、①と②によって承継株式の価格の約53％が納税猶予の対象となり、③と

⑥は国内の雇用確保にインセンティブを与えようとするものであり、⑤により所定の事由が生じると、③の場合も含め、利子税を含めて、納税猶予税額の一括納付を強制されるものであった。

その他にも、①対象となる中小企業については、所定の「中小企業者」に限定され、上場会社、風俗営業会社ではなく、従業員が1人以上おり、資産保有型会社又は資産運用型会社に該当せず（所定の事業実態があれば別）、後継者以外が黄金株を保有しないこと等の制限が課せられ、②先代経営者、後継者についても、役職や株式の所有割合等について所定の条件が付せられている、等の制限があった。

このような非上場株式に係る相続税・贈与税の納税猶予制度は、中小企業の事業承継に関する事業承継税制としては画期的なものであった。また、この問題に長年関わってきた私にとっても感慨深いものがあった。しかし、この納税猶予制度は、前述のように、相当厳しい要件が課せられ、かつ、納税猶予が認められたとしても、所定の事由に該当すると、その猶予税額が確定し、利子税等を含めて一括納付が強制させられることになる。また、このような納税猶予を実際に行うことになる税理士等にとっても、適用要件が厳しく、かつ、長期の猶予期間中も所定の報告義務が課せられ、さらには、確定事由とみなされると、税賠事件も生じかねないとあって、尻込みすることとなり、クライアントに否定的なことを言うものも多かった。

そのような事情もあって、当時、事業承継における相続税又は贈与税の課税対象者は毎年、２～３万件はあるものと推定されたが、この納税猶予制度の利用者は毎年４００～５００件程度に止まった。これでは、親族間の事業承継にとって真に役立つ税制とは言い難い状況になった。そのため、親族間の事業承継における税負担の軽減に貢献することが幅広く見込まれている取引相場のない株式の評価額の引下げに相変わらず圧力が加わることとなった。

58 非上場株式評価ガイドライン

前回述べた非上場株式の納税猶予制度の導入と同時に検討され、納税猶予制度に先立って制定されたのが「中小企業における経営の承継の円滑化に関する法律」（平成20、経営承継法）であった。この経営承継法は、納税猶予制度が適用される「中小企業者」の範囲を明確にするなど納税猶予制度の橋渡し的機能を有し、かつ、戦後民法における相続人間の均分相続と遺留分制度が事業承継の弊害になるということで、その民法の特例を設けることとし、さらに、事業承継に必要な資金供給を支援することを目的にした。

右の遺留分制度の特例は、例えば、事業承継において、経営者の子息3名のうち1人を後継者と定め、その後継者に自社株式を贈与して経営を託した場合、その後継者が発奮して事業を盛り立てその自社株式の価額を3倍にした頃、前経営者が死亡して相続が発生すると、他の兄弟2名の遺留分の対象となるその自社株式の価額が右の3倍になった価額になるので、その後継者は何のために事業を盛り立てたのか、という矛盾が生じることになる。そこで、経営承継法は、右の関係者間で、後継者に贈与した自社株式を遺留分の対象から除外する（除外合意）か、又その自社株式の価額をその贈与時の価額に固定して遺留分を算定する（固定合意）か、を合意することができることとした。

この固定合意においては、その贈与時の自社株式の価額すなわち「相当な価額」について、弁護士、公認会計士又は税理士が証明したものに限る、ことになる。かくして、そのように証明した「相当な価額」が高過ぎれば後継者から、低過ぎたら他の兄弟から、それぞれ損害賠償訴訟が提起されることも考えられた。そのため、その「相当な価額」の算定方法が問題となるが、そのような算定方法について明確な評価基準があるわけではなく、また、その算定方法について、弁護士は、会社法等に係る裁判例を重視するであろうし、公認会計士は、ＤＣＦ法等の収益法を重視するであろうし、税理士は、財産評価基本通達等が定める税務上の算定方法を重視するであろう、というまちまちの状況にあった。

そこで、中小企業庁は、平成20年から21年にかけて、「非上場株式の評価の在り方に関する委員会」及び「非上場株式の評価の在り方に関する委員会専門委員会」を設置し、平成21年2月に「経営承継法における非上場株式等評価ガイドライン」(評価ガイドライン)を取りまとめて公表した。同専門委員会は、私が座長を務めることになったが、議論においては実に雑多な意見が出され、それだけ非上場株式の価額の評価の難しさを語ることになった。

かくして、公表された評価ガイドラインの内容は、評価方法の基本である①収益方式、②純資産方式及び③比準方式のそれぞれの内容と問題点を取りまとめ、かつ、実務上多用されている財産評価基本通達に代表される各税目に係る通達上の評価方式を「国税庁方式」としてその内容と問題点を取りまとめた。そして、当時の東証マザーズやＪＡＳＤＡＱという新興市場において上場された株式に係る各種評価方式の中で国税庁方式の評価額がどの範囲に位置づけられるかも明らかにした。その結果、国税庁方式による評価額が、意外にも、先の各種評価額の中庸を占めていることが明らかにされた。いずれにしても、国税庁以外の官庁が非上場株式の評価ガイドラインを明らかにして公表したことは、画期的な事であったはずである。

しかしながら、この評価ガイドラインは、前述の経営承継法に定める固定合意の利用者がそれほど普及しなかったこともあり（その原因は、専門家による「相当な価額」の証明が困難であったことにあるとも考えられる）、評価実務の中でそれほど利用されているようには思われない。評価実務の中で多用されている国税庁方式にもそれぞれ問題を抱えているわけであるから、それらを補完する観点から評価ガイドラインが利用されるべきであると考えられる。もっとも、最近では、事業承継におけるM&A等が重視されるようになっており、利害関係者間の非上場株式の評価の適正化が問題となるので、評価ガイドラインの活躍の場は増えるものと考えられる。

59　指針か要領か！

中小企業会計については、すでに、「53」で述べたように、平成14年、商法改正を契機に問題となり、そのときには、中小企業会計には国際会計基準は原則適用する必要がないということで、日本税理士会連合会は「中小会社会計基準」を取りまとめ、会員の指針にした。しかし、平成17年に会社法が制定され、会計参与制度が導入されたことを契機に、企業会計基準委員会、日本公認会計士協会、日本税理士会連合会及び日本商工会議所によって、改めて、中小企業会計のあり方が検討され、平成17年2月、右4者連盟による「中小企業の会計に関する指針」（指針）が公表された。

この指針は、公認会計士や税理士の職域拡大に貢献すると考えられていた会計参与の会計処理指針になることが期待された。そのため、会計基準のシングルスタンダードが一層重視されることになり、国際会計基準の改訂（新項目の新設）➡金融商品取引法上の会計基準の改訂➡指針の見直し、という連鎖関係が生じることになった。それを危惧していた私は、当時、日本税理士会連合会の外部理事を務めていたので、理事会の席で「最近の指針を見ていると、平成14年に日本税理士会連合会が制定した『中小会社会計基準』から乖離し、中小企業がついていけなくなるのではないか」と質したことがあるが、右の検討会に出席している担当理事からは「我々はそのことについて十分留意し、中小企業側の見解を代弁しているが、4者による検討であるので、我々の意見だけが採用されるわけではない」旨の回答であった。

その後、日本商工会議所のK担当課長の来訪を受け、中小企業会計のあり方について知恵を出してほしい旨の依頼を受けた。彼の依頼の趣旨は、「右の4団体による指針が、段々、国際会計基準に近づこうとしているが、ほとんどの中小企業が法人税の申告のために財務諸表を作成しているので、指針がその実態にそぐわなくなっている。しかし、我々がそのことを言っても、他の3者は専門家ばかりなので説得できずに困っている。そこで、税と会計の専門家であるあなたに力を貸してほしい」というものであった。「その点についてでは、税理士会が味方になっているのではないか」と尋ねたところ、「彼らは『我々は税と会計の専門家であるから、国際会計基準はいとわない』と言うだけである」とのことであった。そこで、K課長や中小企業庁の担当者と相談し、その方向を探ることにした。

かくして、平成21年9月に、日本商工会議所に「非上場企業の実態に即した会計のあり方に関する研究会」を設置して、翌年3月、「会計のあり方に関する中間とりまとめ」を取りまとめ、それに対応して、企業会計基準委員会も平成22年2月、「非上場会社の会計基準に関する懇談会」を設置し、同年8月、「非上場会社の会計基準に関する懇談会報告書」を公表し、その中で、指針の重要性を指摘するとともに、新たな会計ルールの必要性を容認した。右の検討と並行して、平成22年2月、中小企業庁にも、「中小企業の会計に関する研究会」が設置され、次いで、同年6月、指針とは別の新会計ルール設定のため、金融庁及び中小企業庁が共同事務局となって、「中小企業の会計に関する検討会」が設置され、最終的には平成24年2月、「中小企業の会計に関する基本要領」を公表した。この検討会において、最も問題となったのが、新会計ルールの名称であった。検討会では、既存のルールを設置している関係者から、「原則」も、「基準」も、「準則」も、「規準」も、「指針」も全てだめという難癖をつけられたので、私から、かつて日本商工会議所が「簿記要領」を発刊していたことにヒントを得て「要領」を提案し、それでまとまることになった。

このように、難産の末生まれた「要領」ではあるが、現在の中小企業会計の実務では幅広く活用されているはずである。かつて、会計の大先達者であったＧ・Ｏ・メイが「会計は科学ではなく、技法である」旨の名言を残しているが、確かに、会計は理論よりも実務に役立つのが優先されるべきである。そのことを中小企業会計の中で「要領」が実践していると言える。

60 質問検査権規定の改悪？

税務行政における税務調査の重要性については、たびたび述べてきた。その中でも、「18」では、税務調査の根幹である質問検査権規定の解釈の判例形成について、国税庁の先輩たちが奮闘してきたことを述べた。その結果、質問検査の事前通知等の方法については、「権限ある税務職員の合理的な選択に委ねられる」とする最高裁昭和48年7月10日第三小法廷決定を勝ち取ることができた。そして、その判決が、その後の税務調査において判例法として機能してきた。

ところが、民主党政権の下、納税者の権利保護が強調されるようになり、平成23年に改正された国税通則法によって、右の質問検査権規定が大幅に改正（改悪？）されることになった。まず、質問検査権規定は、従来、各税法に定められていたのであるが、これが国税通則法において統一して定められた。そして、その改正法の下で、税務署長は、当該職員に実地の調査を行わせる場合には、実地調査の日時、場所、目的、税目、期間、対象帳簿等を事前に通知しなければならないこととした。ただし、税務署長は、当該納税者の申告、その他の情報に鑑み、違法又は不当な行為を容易にし、正確な課税標準等の把握を困難にする恐れがあると認められる場合には、事前通知を要しないことにした。そして、実地調査終了の際には、税務署長は、申告是認のときにその旨を書面により通知することとし、更正決定等をすべきと認められる場合には、調査結果の内容（その理由を含む）を説明し、修正申告等を勧奨することができることとした。さらに、平成5年の行政手続法制定の際には、国税に関する処分の理由附記の強制は免除されていたが、全ての処分の理由附記が強制されることになった。

次いで、国税庁は、翌平成24年9月に発出した「国税通則法第7章の2（国税の調査）等関係通達の制定について（法令解釈通達）」（いわゆる「調査通達」）を発出した。この調査通達は、まず、通達制定の趣旨につき、「国税通則法の改正が、調査手続の透明性及び納税者の予見可能性を高め、調査に当たって納税者の協力を促すことで、より円滑かつ効果的な調査の実施と申告納税制度の一層の充実・発展に資する観点及び課税庁の納税者に対する説明責任を強化する観点から行われたことを踏まえ、……調査は……納税者の理解と協力を得て行うものであることを十分認識し、その適正な遂行に努められたい。」と謳った。

そして、調査通達は、まず、国税通則法上の「調査」の意義について、従前は、裁判例において、「課税標準等又は税額等を決定するに至る一連の判断過程の一切を意味すると解せられる。すなわち、課税庁の証拠資料の収集、証拠の評価あるいは経験則を通じての要件事実の認定、租税法その他の法令の解釈適用を経て更正処分に至るまでの思考、判断を含む極めて包括的な概念である。」（これも先輩たちの訴訟活動の成果である）と解されていたにもかかわらず、ことさら国税通則法の改正の趣旨に迎合し、「調査」の意義を限定的に解している。これでは、税務調査全体の機能を低下させることになる。

以上のような国税通則法の改正及び調査通達の発出は、税務調査の機動力を低下させ、むしろ健全な申告納税制度の発展に資することにならないと考えられた。そこで、私は当時、4回にわたって、国税通則法の改正や調査通達の内容を批判する論文を税務専門誌（紙）に投稿したことがある。私の主張の是非は、当然、賛否両論があるはずである。しかし、当時、私が非常に残念に思ったことは、税務調査の機動力が低下することで最も危機感を持つべきである国税当局から当該改正について何ら反論がなかったことである。そして、私が危惧したことは、国税当局の調査能力の低下であるが、それは脱税事件の告発件数や滞納税額の発生が、私が担当していた頃の4割程度に低下していること等が実証している。

もっとも、私は、皮肉なことに税理士法人の代表になって、改正国税通則法等を盾に、調査官に対して法定の調査手続を順守することを求める立場を経験することになった。

野村證券の頃

61　納税（者）の論理

平成24年3月、早稲田大学を定年退職し、その後は、同大学の非常勤講師を務めながら、執筆、講演等でそれなりに多忙な日々を過ごしていた。平成26年秋・野村證券の幹部から三顧の礼を尽くされ、新設する資産・事業承継等の研究所の理事長に就くことを要請された。自分の年齢を考え躊躇するところがあったが、会社側の熱意に動かされ、2～3年くらいなら勤まるであろうと考えて引き受けることにした。

平成27年に入って、研究所の設立や併設する税理士法人の内容等について相談を受けることになった。平成27年4月に発足した株式会社野村資産承継研究所、同年6月に発足した税理士法人大手町トラストの名称は、いずれも私の提案によるものであった。最初は、研究所の理事長のみであったが、税理士法人の方に事情が生じ、平成28年2月から大手町トラストの代表社員を兼務することになった。いずれの職務も、野村證券のお客様の資産、事業承継等を円滑にするための研究とコンサルや税務処理であったが、その中でも、合理的・合法的な税コストの引下げは重要なテーマであった。

かくして、国税庁時代には「課税の論理」を徹底して研究・実践してきたことと180度転じて、納税者側から見た「納税（者）の論理」を徹底して研究・実践することになった。両者の間の約20年間は、大学で租税（法）のあり方を研究して来たので、全ての立場で租税（法）を研究できるという貴重な経験を与えられたことになった。

ところで、各税法は、納税義務の基礎（客体）となる課税標準等を自己完結的に規定しているわけではなく、いずれも、納税者の経済取引や法律行為からもたらされる経済的成果を前提にして、その経済的成果を一部修正して各税目の課税標準等を定めているに過ぎない。その例は、法人税法における確定決算主義にみることができる。そして、その経済取引や法律行為は、私法の律するところになるが、その私法の分野では、私的自治の原則及び契約自由の原則が支配するところとなる。そのため、公序良俗に反しない限り、どのような経済取引や法律行為も可能になる。そして経済取引の主体である経済人（企業人）にとっては、それらの取引の中で安定かつ最大の利潤（利益）を追求することになる。その利益とは、収益から費用（コスト）を控除した差額であるが、税金はそのコストの一部にほかならない。しかも、税金は、他のコストのような収益に対する直接的な対価を意味しないから、多く支払っても収益が増加するわけでもない。

さすれば、経済人（企業人）にとっては、全ての経済取引段階において税コストの引下げを検討することになる。また、申告段階においても、税法の解釈・適用においても税コストの引下げの見地から検討することになる。このようなことは、相続のような法律行為においても、相続開始前に相続財産の内容を変更する方法等で、同じようなことが生じる。そうなると、経済人（納税者）にとっては、合法的な税コストの引下げに当たって、それが税務否認を受けないようにするため、租税法律主義の機能である予測可能性と法的安定性が最も重要なテーマとなる。

他方、課税庁においては、租税法律主義の下において、法が予定している税収の確保とその法を全ての納税者に平等に適用するという課税の公平が重要な使命となる。そうなると、租税法律主義における合法性の原則があるとはいえ、申告納税制度の下で、納税者による法の解釈・適用について、又は、その前提となる経済取引等の是非をめぐって、納税者（納税の論理）と課税庁（課税の論理）とが対立することが当然あり得る。そのため、その対立を公正な手続で解決する必要があるということで、租税法律主義の内容の一つとして「適正手続の原則」が掲げられている。

また、納税者と課税庁の法解釈等をめぐる対立は、具体的には、各税法規定の解釈・適用、仮装行為の有無、個別的否認規定や包括的否認規定の適用の可否等多様な局面において生じる。そして、それらの解決は、最終的には、法廷における「判決」によって決着がつくことになる。この決着の動向を研究するのが判例研究にほかならない。その点では、判例研究は、学問の対象というよりも、実務家の見地から一層重視されるべきことになる。そうなると、税理士等によるコンサルや税務処理においては、クライアントに対し、それぞれの取引等における税コストの多寡、課税庁との対立の可能性、判例等の動向等の総合的な説明が求められる。

62　非課税の方が損？

私は平成14年以降、日本医師会の医業税制検討委員会の委員（18年間は委員長）を務めているが、その間、最も悩まされてきたのが、社会保険診療報酬に係る消費税の非課税問題である。社会保障制度の公益性に鑑み、また、患者に窓口で消費税を負担させるわけにはいかないということで、平成元年に消費税が導入されて以降、その診療報酬に係る消費税は非課税とされてきた。

ところが、医業の消費税問題は、医療設備、医薬品等の購入（仕入）段階でも生じることになる。すなわち、その仕入れ消費税額が診療報酬に適正に転嫁（加算）されていれば問題はないのであるが、その加算額が少なければ、医業者の損失となる。そこで、国は、診療報酬算定における仕入消費税相当額の加算率を、消費税率が3％のとき（平成元年）には0・76％、5％のとき（平成9年）には1・53％、8％のとき（平成26年）には2・89％、10％のとき（令和元年）には3・7

7％としてきた。しかし、その加算率は、一律であるので、仮に、それが平均的に適正であるとしても、その加算率よりも仕入れ消費税額を多く支払った者は不利となり、少なかった者は有利となる。また、設備投資等が多いほど仕入れ消費税額が多くなるので、設備投資等を減退させ、医療水準の低下を招くことにもなりかねない。そのため、相対的に設備投資の多い大手の病院側から、消費税非課税制度の改善策が一層強く求められることになった。

そこで、検討委員会としても、いろいろな面からその解決策を検討してきた。その解決法としては、①普通課税方式、②軽減税率方式、③免税方式又はゼロ税率方式等が考えられた。しかし、①及び②は、窓口で消費税を徴収するということで国民的理解が得られない（政治家が最も嫌がる？）、記帳が強制される、加算率がなくなる（いわゆる「引き剥がし」）、③についても記帳の強制や引き剝がしの問題のほか、立法当局が前例がないということで拒否する等の問題が生じていた。しかも、いずれの解決策も、診療所・病院等の医業形態の違いによって利害が異なることになる。このように、利害調整が整わず統一解決策が見当たらない中、それを見越してか、自民党税制調査会関係の政治家からは「医業界の見解がまとまったら、面倒を見る」と言われていた。

そうこうするうち、消費税率が逐次引き上げられ、平成29年には10％になることが予定された（令和元年に延期）。そのため、与党の「平成28年度税制改正大綱」が「平成29年度税制改正に際し、総合的に検討し、結論を得る。」と提言するに至った。こうなると、待ったなしということで、税制検討委員会でも真剣に検討した。私も、特に、医業界の利害を調整することを重視して考えたが、夜中にふと思ったのは、「現行制度は、給与所得控除のような概算控除（診療費の概算加算）であるから、概算控除と実額控除の併存（現行の非課税を前提とし、仕入れ消費税額の実額が概算加算率2・89％（当時）を上回った場合に還付する）を認めるという、非課税・還付方式を提案する」ことを考えた。この案は、従来の非課税のままで、引き剝がしもなく、仕入れ消費税額の実額が多い医業者だけが実額計算をすれば良いということで、あっという間に医業の各団体の同意を得ることができた。

そして、この案を日本医師会の平成29年度税制改正要望としたのであるが、財務省当局から強い反対があった。しかし、財務省主税局よりも同省主計局の方が反対したようであるが、要は、「還付税額の見通しがつかないから、予算に支障が生じる」ことにあったようである。

しかし、国は、常に、加算率が適正であることを主張してきたわけであるから、適正であれば、還付税額も少額で済むはずである。また、税制論についても給与所得控除にも実額控除が認められており、社会保険診療報酬の四段階方式にも実額控除が認められているから、それらに準じて考えることができるはずである。結局、平成29年度の社会診療報酬が若干上乗せされたこともあって、日本医師会等が右の要望を引き下げる形で幕が引いた。いわば、政治的な手法で、せっかくの名案も闇に葬られた感がする。

その後、日本医師会は、⑤非課税・軽減税率の併存方式を要望するに至っているが、社会保険診療の大半に消費税が課税されることに対する国民の反発（政治的問題）や非課税と課税を区分する執行上の問題を考慮すると、その実現性は厳しいものと予測される。やはり、解決策は、前述の非課税・還付方式しかないはずである。

63　納税猶予の特例

平成29年度の税制改正では、非上場株式の納税猶予制度について、相続時精算課税制度との併用、みなし相続に係る適用要件の緩和等相応の改正が行われ、かつ、評価通達において類似業種比準方式の緩和等の評価引下げの改正が行われたため、平成30年度の税制改正においては、事業承継税制の緩和措置は取られないであろうと予測されていた。

ところが、平成29年9月初めに、中小企業庁が中小企業の経営者が老齢化している実態調査と世代交代（事業承継）の必要性を公表し、それが日本経済新聞のトップ記事になると、自民党の税制調査会の方から事業承継税制の見直しの必要性が指摘されるようになった。そのため、いわばトップダウン方式で納税猶予制度の見直しが行われることとなり、中小企業庁や日本商工会議所の事務局もその対応に追われることになった。

その結果、平成30年度税制改正において、当時としては画期的な非上場株式の納税猶予の特例制度が制定されることになった。その主な内容は、10年間の時限立法として、①猶予対象株式の制限撤廃（承継対象の株式の１００％を対象とし、猶予税額を１００％）、②雇用確保要件の事実上の廃止（要件を満たせない理由を提出すれば足りる）、③後継者を3名まで可能にする（兄弟承継を可）、④代表者以外からも贈与等による取得を可能にする、⑤経営環境変化に対応した減免制度の創設等であった。すなわち、事業承継のために贈与、相続によって非上場株式を取得しても、その株式に対応する税額の全部について納税が猶予されることになったのは、高く評価されるべきことである。また、10年間の時限立法としたのは、老齢化している中小企業の経営者を短期間に世代交代を図ろうとする（インセンティブを与えるという）目的もあった。確かに、世代交代が済んだ中小企業の方が、その後の業績が伸びていることも事実であった。

このように、特例制度は、事業の承継段階では、承継株式に係る贈与税又は相続税の納税が全額猶予されるということで画期的な制度であったため、導入当初、中小企業庁の担当者も年間3000~4000件の利用者があるものと見込んでいた。しかし、私は、適用要件の厳しさからみて、一般制度における利用者が年間400~500件程度であったので、せいぜいその2倍程度になるものと予測していた。この特例制度が始まって6年目を迎えるが、私の予測が当たっていたことになる。

私の予測が当たった最大の理由は、一般制度についてもそうであるが、適用要件が複雑すぎる上に納税猶予期間が長期にわたるところ、その間、定期的に報告書の提出が求められるなど細心の管理を要することにある。そして、それを怠ると、納税猶予税額が確定し、附帯税を含めて即時納付を強制されることになる。場合によっては、税理士に対する損害賠償事件に発展することも予測された。これでは、税理士事務所の大部分を占める事務員を含めて、数名の事務所では、ほとんど対応できないことになる。そのため、特例制度の手続等を担当する「認定経営革新等支援機関」に当初3万件を超える者(大部分が税理士)が名乗りを上げたが、ほとんどの者が開店休業の状況にある。

このような状況の中で、最近の事業承継においては、それを支援するために各種の措置が検討・実施されている。確かに、そのような措置も重要であろうが、特例制度が実施されて5年を過ぎた段階で、法人企業の事業承継税制である非上場株式の納税猶予制度について再度抜本的に見直すべきであると考えられる。

まず、同制度が一般制度と特例制度が区分され、後者があと5年足らずでなくなることになっているが、これでは、将来を見据えた事業承継対策が困難になるので、むしろ、一般制度を廃止し、特例制度一本にしてそれを恒久化すべきである。その上で、難しすぎる適用要件や手続要件の簡素化を図るべきである。また、猶予税額の確定事由（即時納付）についても、その確定事由を修正できる宥恕規定を設けるべきである。さらに、対象となる「中小企業者」の範囲を拡大すべきである。これは、我が国経済における中堅企業の重要性に鑑みて配慮すべき事柄である。なお、法人版事業承継税制の検討段階で重視されていた雇用条件、海外子会社除外についても、国内雇用が様変わりした現状ではそれらの必要性もなくなっているはずである。

64　最判4・4・19判決

令和4年に入り、注目されていた最高裁令和4年4月19日第三小法廷判決があった。注目されていたのは、相続開始直前に賃貸マンションを取得し、その取得価額と通達評価額との開差を利用した相続税節税策に対し、評価通達6項を適用した課税処分の適否が争われた事案につき、「特別の事情」があれば通達評価額によらないことができるとしてその課税処分を適法と認めた東京高裁令和2年6月24日判決について、上告審が弁論を再開したため、最高裁判所がその課税処分を取り消す（評価通達6項の適用を否定）のではないかと、税界で広く憶測されていたからである。

しかし、結果は、その憶測がはずれた。その最高裁判決は、課税庁が特定の者の相続税の価額について通達評価額を上回る価額によるものとすることは「合理的な理由」がない限り平等原則に違反する旨判示した上で、「評価通達の定める方法による画一的な評価を行うことが実質的な租税負担の公平に反するというべき事情がある場合には、合理的な理由があると認められるから、当該財産の価額を評価通達の定める方法により評価した価額を上回る価額によるものとすることが上記の平等原則に違反するものではないと解するのが相当である。」と判示し、当該事案についてはその事実関係に照らし、実質的な租税負担の公平に反する事情が認められるとして、控訴審判決を維持し、上告人の請求を棄却した。

この評価通達6項を法廷に引っ張り出したのは、ほかならぬ私自身であるが、その45年前の出来事は「25」で詳述した。その時に裁判所として初めて評価通達6項の適用を容認した（「特別の事情」の容認）東京高裁昭和56年1月28日判決につき、上告審の最高裁昭和61年12月5日第二小法廷判決は、当該事案につき、控訴審判決の結論は維持したものの、評価通達6項適用の法律問題を回避した。爾来37年、下級審段階では、評価通達6項を適用した課税処分につき、多くの判決が「特別の事情」を容認して適法と認めてきた。

かくして、最高裁判所は、今回評価通達6項を適用した課税処分を初めて適法と認めた。その理由について、最高裁判所調査官は、下級審の各判決が認めてきた「特別の事情」を容認したものではない旨説明しているが、「特別の事情」といえ「実質的な租税負担の公平に反するというべき事情」といえ、評価通達が定めた評価額（評価方法）が「著しく不適当」と認められるときには国税庁長官の指示によって個別に当該財産の「価額」を評価して課税処分をするとした評価通達6項の適用を適法と認めたことに変わりはない。

かくして、この最高裁判決をめぐって多くの論争が起きているが、いささか「群盲象を撫でる」ような論説も見受けられる。その中で、「せっかく最高裁判所が判断を下したのであるから、今後の実務の指針になるように、評価通達6項の適用要件を明確にしてほしかった」旨の指摘がある。しかし、このような適用要件は、評価通達が定める評価基準制度の内容と機能に精通し、かつ、課税実務の経験が必要であろうし、また、個別案件の実情にも依存することになろうから、難しい問題である。それでも、私は、自己の経験を踏まえて次のような要件を提案している。

① 評価通達評価額と客観的交換価値（取引価額）との間に相当大幅な乖離があ

ること

② 当該乖離を利用した取引が行われ、その取引をしなかった場合に比し、多額な税負担が軽減していること

③ 右の取引と右の税負担の軽減との間に相当因果関係があること（右の取引と税負担軽減との間は3～4年程度が相当と考えられる）

なお、評価通達6項は、それを適用して課税をするためには「国税庁長官の指示」という手続要件を定めている。しかし、前掲の最高裁判決をはじめ、多くの下級審判決が、この手続要件を軽視しているが、租税法上の平等原則、納税者の予測可能性、税務行政の信頼性等を考慮すれば、この手続要件はもっと重視されるべきであろう。

65　税理士法人

令和4年12月末をもって、野村證券の企業内税理士法人とも言える「税理士法人大手町トラスト」の代表社員を辞することとなった。これで、8年にも及ぶ野村證券での務めは終わったが、大変良い機会を与えていただいたことを感謝している。税理士法人では、一人の税理士として、また、代表社員として、税理士や税理士法人のあり方について、いろいろ考えさせられるところがあった。

まず、税理士試験制度である。「10」で体験を踏まえて論じたところであるが、試験当事者は、「税法」は「暗記」ではなく「法律」であることをご認識いただき、試験場にはぜひ法規集を備えていただきたい。そうすれば、受験時代に「条文」に親しみ、リーガルマインドも身に付くはずである。そして、税法科目を見直して（実務に関係のない税法が入っている）、各税法の共通事項である国税通則法を必修科目にすべきである。また、代表社員時代痛感したのは、（若手）税理士を採用しようとしても、まったくの売り手市場になっていて、採用が極めて困難であったことである。それを是正するためには、税理士試験の合格者を大幅に増やすべきである。若いうちなら、採用後鍛えなおすことができるが、あまり売り手市場になると、彼らも、楽をして良い給料をもらうことを考えるから、プロとして自己研鑽を怠りかえって不幸な結果になるはずである。この点、税理士の総数は余っていると考えているかもしれないが、「プロ」として役立たない人は数のうちに入らないはずである。

次に、税理士の職務内容は、どんどん難しくなっているから、事案によって数名の税理士がチームを組んで対処することを要することになる。また、税理士法1条にいう税理士の使命である「納税義務の適正な実現」は、合法的な節税を意味するものと解されるところ、税法の解釈・適用をめぐって何が「合法」であるかは、課税当局との対立も生じることになる。そうすると、税理士には、今後一層争訟の手続と動向にも通じることが必要になる。

このような実態を考えると、税理士事務所も、伝統的な、かつ、現在でも大部分がそうであるが、税理士が一人で事務職員が数名という事務所では対応できなくなってくる。そうなると、税理士法人の存在と税理士の専門的活動がますます重要となる。その見地から、税理士制度の改善の方向性について、前述の税理士試験制度のほか、いくつか指摘しておきたい。

まず、右に指摘したように、税理士が税務争訟に関与することの重要性が認められ、補佐人制度が認められているが、出廷できるのは弁護士と一緒であることが要求されている。弁理士等のように、弁護士抜きで本人とともに出廷できることに比べると、未だ、税理士の専門性が評価されていないようである。この点について地位改善が図られるべきである。

また、税理士法人の重要性は前述したとおりであるが、税理士法人の社員に対し厳しい無限責任が課せられているので、これを公認会計士法人、弁護士法人等のように、「無限」ではなく限定的にすべきである。そうでなければ、社員の積極的な職務遂行が困難になることになる。一説によると、税理士会の役員は、個人事務所の方が多いので、税理士法人の社員の責任問題に冷たいということのようであるが、それが真実であればあまりに短視眼的である。

次に、前述したように、今後、税理士業務の中で税務相談（コンサル業務）の重要性が一層増すものと考えられるが、その中核となるのが、経済取引、法律解釈等における「節税」（税コストのミニマム化）である。しかし、この「節税」については、課税当局による税務否認というリスクが伴うことになる。このリスクをカバーできるのは、税理士損害賠償保険であるので、昨年まで勤めていた税理士法人でも相当多額な保険料（最高額）を支払っていた。しかし、現存の保険は、納税申告等を誤って税額を多額に納付した場合に生じる損失をカバーするものになっている。これでは、税理士の本務である「節税」が否認された場合に生じる「損失」はカバーできないので、ほとんど役立たないことになる。これは、一説によると、国税当局が「節税」させないためと言われるが、それが本当であれば税理士制度の発展を妨げる邪道なやり方である。

組織から離れて

66 N分N乗方式

令和5年1月、休眠状態であった「品川法律事務所」を再開することにした。そうは言っても、生来、営業が苦手な私は、その看板を生かすことなく、執筆で時間を潰すことになっている。その中で、本書においては、最近のトピックスなテーマやその他の重要なテーマを拾い上げて本書のゴールを目指すこととしたい。

最初に、政府がようやく本腰を入れ始めた少子化対策の中で浮上してきたN分N乗方式を論じることとする。元々、所得税の課税単位については、大きく分けると、我が国が採用しているような個人を課税単位とする個人課税方式、夫婦を課税単位とする二分二乗方式と家族を課税単位にするN分N乗方式に区分でき、それぞれ特色を有している。

個人課税方式は、文字通り、所得を稼得している個人ごとに課税するものであるが、その個人の家族構成に応じて扶養控除が設けられるなど、その担税力に若干の修正が行われる。また、この方式は、個人ごとに基礎控除等が行われて個人ごとの担税力が重視されるので、共稼ぎ世帯にとって相対的に有利となり、その点では、女性の社会進出に寄与することにもなる。

二分二乗方式は、夫婦の所得を合算して、これを二分した所得金額に累進税率を適用して所得税額を算出し、その税額を二乗（二倍）して、その夫婦の所得税額を算出する方式である。この方式は、片稼ぎであれ、共稼ぎであれ、夫婦の合計所得が同じであれば、所得税額が同一となるので、夫婦の所得稼得方法に中立的と言える。また、専業主婦の内助の功が評価されることになる。そのため、昭和36年に、給与所得者の専業主婦の内助の功を事業所得者の事業専従者控除と同様に税制上優遇すべきだということで配偶者控除を他の扶養控除と独立させたときに、アメリカやドイツで採用されている二分二乗方式を導入すべきとする案も検討されたが、時期尚早ということで見送られたことがある。

今回問題となっているN分N乗方式は、所得税を家族単位で算出しようとするもので、家族全体の所得金額を家族の数（N）で分割し、その分割した金額に累進税率を適用して税額を算出し、その税額をN乗した税額をその家族の税額とするものである。したがって、家族の数（子どもの数）が多いほど、累進税率が低くなり、その家族の所得税額が低下することになる。そのため、フランスが少子化対策のためにN分N乗方式を導入し、出生率を高めたと言われている。

かくして、我が国においては、令和4年には出生数が80万人を割り、70余万人（高知県の人口に相当）の自然減少が生じたようである。このような人口の自然減少は、数十年前から予測されてきたことであり、現実に出生数と死亡者数の逆転（自然現象）は10年ほど前から生じている。そのため、少子化対策の一環として所得税制の改革も叫ばれ、2分2乗方式なりN分N乗方式を導入すべきとする意見も出された。しかし、その声も、「個人課税方式を支持する立場から、女性の社会進出を妨げる」「片稼ぎの高額所得者を優遇することになる」「子どもを産む産まないという個人の自由を妨げる」等の声によって揉み消されてきた。今回のN分N乗方式を導入すべきとする案に対しても、少子化対策として何が必要かというよりも、「高額な片稼ぎ所得者を優遇することになる」「社会進出している共稼ぎ世帯が不利になる」等の反対意見のほうが強いようである。

しかし、深刻化する少子化問題の対策を考えた場合には、税制面においては、少なくともN分N乗方式の導入ぐらい国民全体が真剣に考えるべきであろう。この少子化問題について、「税制面においては」と限定したのは、税制上の対策のみでは限界があるからである。最も重要なことは、国民が「子を産み育てる」ことの尊厳性をもっと認識することである。何人も、老いたら若い人の世話（介護）を受けることになる。自分が育てなくても、他人様が育てた子どもの世話になることを認識すべきである。税制上の措置は、それらのことを補完するに過ぎないが、その補完も重要である。

67　インボイスは必要か？

令和5年10月、消費税においていわゆるインボイス制度（適格請求書等保存方式）が実施されるということで、中小企業を中心に実務上混乱が続いている。そのため、日本商工会議所は、当初、インボイス制度の導入に消極的姿勢を示していた。しかし、インボイス制度は、消費税の施行において必要不可欠であるということで、国税当局はもちろんのこと、租税法学者、税理士等の実務家のほとんどが賛意を表していることもあって、日本商工会議所も、その受け入れ態勢の円滑化に努めているようである。

しかし、長年、税務執行に携わってきた私にとっては、その経験に照らし、インボイス制度の導入が問題になったときから、その必要性に疑問を持ってきた。消費税の仕入税額控除は、従来、事業者が「帳簿及び請求書等」を保存していることが義務付けられていたが、その「帳簿及び請求書等」は、所得税や法人税と共通のもので足りた。ところが、10月から施行される改正法では、仕入税額控除の要件とし、「帳簿及び請求書等」の保存を要することに変わりはないが、その「請求書等」が、インボイス発行事業者が発行する適格請求書（インボイス）に限定されることになった。そのため、仕入税額控除の適用を受けるため、あるいは、売上においてインボイスを得意先に手渡すためには、課税事業者たるインボイス発行事業者として登録をしなければならないことになった。また、そのインボイスには、普通税率と軽減税率の区分等複雑な記帳を要することになる。

このようなインボイス制度が必要であるとされたのは、一つは、令和元年に軽減税率が導入されたため普通税率との区分が必要とされたこと、二つは、売上げ１０００万円以下の免税事業者が享受する益税が８０００億円になる旨の会計検査院の指摘があったこと、にあるとされている。この会計検査院の指摘は、消費税は事業者が消費者から預かった（徴収した）税額を国に納付するものであるから、納付漏れ（益税）があってはならないという理由からも強調されることになる。また、消費税（付加価値税）の先進国であるヨーロッパ諸国がインボイス制度を採用しているから我が国も導入すべきとする、多くの租税法学者の見解にも後押しされてきた。

しかし、国中大騒ぎしてインボイスを導入する必要があることに疑問があるばかりではなく、むしろ弊害の方が多いようにも考えられる。けだし、まず、普通税率と軽減税率の区分については、従前の請求書等に記載すれば足りるはずである。また、会計検査院の指摘は、売上げ1000万円の事業者の場合、消費税導入当時の3％のときは10数万円の益税で済んだかもしれないが、税率が10％になると、約50万円の益税が生じることになり、税率がさらに引き上げられると益税がさらに増加することになる。そうなると、他の税目の課税最低限に比較して問題であるが、そうであれば、免税点を500万円か300万円に引き下げれば足りることである。そうすれば、会計検査院が指摘する8000億円の益税は、その1～2割で済むはずである。また、今後、フリーランサーやサラリーマン副業が増えると、この問題は一層重要になるので、免税点はさらに引き下げる必要が生じるかもしれない。いずれにしても、免税点引下げの方が、小規模事業者にとっては、売上げの把握は容易であるし（推計も可）、簡易課税制度を利用すれば、消費税の申告も容易なはずである。

次にインボイスを導入すると、消費税額が1円も間違いなく納付・申告されるという神話のような説もある。それを実証するためには、全ての事業者の税務調査が実施され、かつ、その税務調査においてインボイス通りに申告されていることが実証されればその説も正しいと言える。しかし、それは、税務調査の実態を無視した夢物語に過ぎない。消費税の実調率は数％に過ぎず、現実の税務調査では、インボイスと申告額を突合する時間などないはずである。さすれば、現行のように、所得税や法人税の所得計算と有機的に結びついた「帳簿及び請求書等」方式の方が、むしろ、納税者に対して各税目間を通じて適正申告について牽制効果もあり、税目全体の申告水準の向上が図れるはずである。

68　一般的否認規定

最近、租税回避問題に関連して、ＢＥＰＳ（税源浸食と利益移転）とＧＡＡＲ（一般的否認規定）という言葉をよく目にする。それらは、租税回避の実態とそれにどう対応するかという問題であるが、それらを紹介する国際課税を専門にする租税法学者等は、国際課税におけるそれらの問題を論じるのみで、国内の問題として論じることはほとんどない。特に、ＧＡＡＲについては、それを採用している国々は紹介するが、我が国における必要性についてはほとんど論じることはしない。そこにまず、問題意識を持つべきである。

「64」で述べたように、経済取引を行う者（納税者）にとって、契約自由の原則の下、その取引の中で税負担コストのミニマム化を図ろうとすることは必然のことである。そうであれば、そのミニマム化が租税回避行為として税務上否認されるか否かも、その取引の中で考えざるを得ないはずである。そして、このことは、万国共通のことであるから、ＧＡＡＲも外国のみの事柄ではなく、我が国においてもその是非を論じる必要があるはずである。

現に、我が国においては、昭和36年の政府税制調査会「国税通則法制定答申」において、国税通則法に、租税回避に対処するために一般的否認規定を設けるべきである旨提言されたことがある。しかし、翌年制定された国税通則法の中で一般的否認規定が立法化されることはなかったが、国税当局は、以前から各税法に制定されていた「同族会社等の行為又は計算の否認」規定を確認的規定と解して、その規定を盾に非同族会社等の租税回避行為を否認してきた。その否認処分については、下級審段階では賛否両論に分かれたが、最高裁判所の判断を待つことなく、平成13年の法人税における組織再編税制の導入に当たり、「同族会社等の行為又は計算の否認」と同旨の法人税法１３２条の２が設けられたことにより、右の確認的規定説は意味をなさなくなった（「52」参照）。

さすれば、昭和36年の原点に戻ってもう一度一般的否認規定導入の要否を検討すべきであったはずであり、また、ＢＥＰＳ・ＧＡＡＲが問題になっているから、なおさらのことである。しかし、前述したように、ほとんどの租税法学者は、BEPS・GAARを国際課税の問題として論じ、国内におけるGAARの必要性を論じようとはしないし、巧妙化する租税回避行為に危機感を持つべき国税当局も黙殺しているようである。

なぜか？　それは、「租税法律主義のもとで、法律の根拠なしに、当事者の選択した法形式を通常用いられる法形式にひきなおし、それに対応する課税要件が充足されたものとして取り扱う権限を租税行政庁に認めることは、困難である」、「法律の根拠がない限り租税回避行為の否認は認められない」と解することから、「一般的否認規定は執行できない」とする考え方が金科玉条になっていることにあるようである。

しかし、一般的否認規定といっても、基本的には、同族会社等の行為計算の否認規定と同様な規定とし、ただし、対象者を「同族会社等」に限定しなければよいだけではないかと考えられる。そして、同族会社等の行為計算の否認規定は、何10年にわたって施行されており、それに基づく多くの課税処分の適否が裁判所で裁かれている。また、右の否認規定の中で、最も解釈上問題となっていた「負担を不当に減少させる」の解釈についても、最高裁令和4年4月21日判決等が明らかにしていることから、「一般的否認規定は執行できない」とは言えなくなっているように考えられる。

特に、最近の租税回避行為全般を見ると、中小企業がそのほとんどを占める同族会社よりも、大企業を中心とする非同族会社や富裕層の方がより一層巧妙な租税回避行為的な節税手段を講じていることから、それらの適否を問う一般的否認規定が必要であると考えられる。また、租税回避が問題になれば個別的否認規定を設ければ良いとする考えにより、近年そのような否認規定も増加している。しかし、そのような否認規定は、税法をいたずらに複雑化するだけで、巧妙なタックス・プランナーにはあまり効き目がないことを銘記すべきである。

69 確定決算基準

私は、他人様から、よく「資産税専門」と言われることがある。そのときは、苦笑いしているが、心の中では、「本当は法人税専門です」と呟いている。私は、昭和40年の税務大学校研究科のときは法人税専攻で、法人税課税の見地から「配当課税における二重課税問題」という論文をまとめ、その後、公認会計士試験に当たり、会計学を徹底して勉強し、会計と法人税のあり方を研究し国税庁審理課時代（昭和41～43年）は、昭和40年に全文改正した法人税法の基本通達の制定作業に加わり、昭和43年から46年まで、関東信越国税局調査査察部で国税調査官として法人税の調査を徹底して実施し、昭和48年の税務大学校助教授時代に、「課税所得と企業利益」の論文をまとめた（「19」参照）。その後も、法人税関係の論文・著書を多く執筆してきた。

したがって、最近でも、法人税のあり方等に関心を持っているが、その中で、法人税の所得計算と企業会計上の利益計算を連結させている確定決算基準の現状と行末について論じておきたい。そもそも、課税所得の計算方法には、商事上（企業会計上）の利益をそのまま課税所得とする方法（商事財務諸表説）、税法上完結的に課税所得を計算する方法（税務財諸表説）及び商事上の利益を基礎として、税法上の調整規定と相まって課税所得を計算する方法（結合財務諸表説）とがある。確定決算基準とは、この結合財務諸表説を具現化したものである。

すなわち、確定決算基準とは、形式的には、法人は、各事業年度終了の日から原則として2か月以内に、税務署長に対し、確定した決算に基づき所得金額等を記載した申告書を提出しなければならないことになっている、ことをいう。この場合、「確定した決算に基づく申告」とは、法人が、その決算に基づく計算書類につき、株主総会等の承認等の手続による法人の意思決定機関の承認を得た後、その承認を受けた決算に係る利益金額に基づいて税法の規定により所得金額の計算を行い、その所得金額とその利益金額との差異を申告書において表現することを意味する。

また、確定決算基準の実質的意義は、法人が確定した決算において採用した具体的な会計処理（すなわち、選択し得る複数の会計処理がある場合にはその選択した会計処理）が、適正な会計基準に従ってなされている限り、その計算を所得計算の上でみだりに変更してはならないこと（すなわち、申告調整が許されないこと）を意味している。この理念を明確にしているのは、法人税法22条4項が、所得金額の計算につき、「一般に公正妥当と認められる会計処理の基準に従って計算されるものとする。」と定めている。また、具体的には、法人税法31条等が減価償却費等につき、「損金経理」要件を定め、利益計算と所得計算の間で減価償却費等が同一になるように定めている。

このような確定決算基準の実質的意義は、利益計算と所得計算の共通項目について共通な会計処理を要求することになる。そのため、昭和30年代から40年代にかけて、利益計算と所得計算の調整が盛んに行われ、昭和42年には、前述の法人税法22条4項が設けられ、両者に共通する引当金についても、法人税法において6項目も設けられるに至った。

ところが、平成に入って国際間の企業誘致競争が激しくなって、その手段として法人税率の引下げが行われ、税収維持のための課税ベースの拡大が行われるようになった。その理由付けとして、「利益計算と所得計算の理念が異なる」旨の言い訳が使われるようになった。そのため、主として、期間損益項目が損金算入制限の的となり、右の6項目の引当金も、貸倒引当金が制限的に設けられるだけの結果になっている。かと思えば、最近設けられた法人税法22条の2は、企業会計基準に寄り添うような規定になっているが、22条との関係が不明であって、所得計算自体が混乱している。

ともあれ、確定決算基準は、少なくとも形式的な意義については、法人税法74条が宣明しているところであり、立法当局もその基準を放棄しようとはしていないようである。そうであれば、利益計算と所得計算のあり方をもう一度ゼロベースで検討する必要があるはずである。

70　弁護士と税務

私自身、国家公務員上級試験後は司法試験を目指そうと考えていたが、第一次試験に合格した後は公認会計士の方に変更したので、二次試験の機会はなかった。その後、筑波大学で法律学担当の教授を務めた経験により、平成17年に弁護士の登録をすることができた。当時、弁護士会の方針で、登録時に刑事事件の国選弁護士を2件務めることが義務付けされていた。そこで、昵懇（じっこん）にしていたM公認会計士を介してM弁護士から刑事事件の処理について指導を受けることになった。M弁護士は、私にとっては娘のような年代ではあるが、良き指導者であった。その後、税務訴訟等を経験することになったが、そこでも、彼女は良きパートナーになってくれた。もっとも、税務訴訟においては、納税者の訴えを準備書面等に込めて、それを裁判官に理解していただくことに悪戦苦闘している。このような私自身の弁護士生活を通して、弁護士が税務の世界で大きな役割を果たしていること、そして今後、それが拡大するであろうことを実感している。法曹界から税務の世界に入り、先覚的な役割を果たしたY氏やM氏の存在は誰しも知るところであるが、この数十年の間で、学会、税理士界等で多くの弁護士が活躍するようになり、大きな影響を及ぼしている。

元々、弁護士は、弁護士法の定めにより、「基本的人権を擁護し、社会正義を実現することを使命とする。」とされ、「当事者その他関係人の依頼又は官公署の委嘱によって、訴訟事件、非訟事件及び審査請求、再調整の請求、再審査請求等行政庁に対する不服申立事件に関する行為その他一般の法律事務を行うことを職務とする。」とされ、「当然、弁理士及び税理士の事務を行うことができる。」とされている。そして、税理士法においても、弁護士が税理士の業務を遂行する手続きについて、税理士として登録するか、又は弁護士のまま国税局長に通知する方法で税理士業務を行うことができることになっている。

ところで税理士法の下では、税理士は、「租税に関する法令に規定された納税義務の適正な実現を図ることを使命」とし、税務代理・税務書類の作成及び税務相談並びにそれらに付随する財務書類の作成等を業務とするものである。

さすれば、このような税理士の職務の遂行に当たって、弁護士である税理士とプロパーの税理士とではどこが違うかである。この点については、次の事案に関し興味深い指摘があった。東京地裁平成26年5月9日判決及び東京高裁平成27年3月25日判決（いわゆるＩＢＭ事件）では、同族会社間の４０００億円もの譲渡損失について行為計算を否認した課税処分の適否が争われたが、いずれも納税者が勝訴した。その理由に、税務調査が不十分のため証拠が十分把握できなかったことが挙げられていた。

そこで、税法に精通している弁護士が、「この事件から学ぶことは、税務調査の立会は弁護士に任すべきである。プロパーの税理士は、当局に協力して証拠を安易に提出するが、弁護士は、先々の争訟を見据えて提出する証拠を選別できる」旨の論評をしたことがあった。

この論評については、税理士法の解釈等にも関わることなので、その真偽を含めて軽々なことは言えないが、プロパーの税理士と弁護士の違いをいみじくも言い当てたともいえる。このことは、従来の税理士会が税務行政における有力な「協力団体」として評価されてきたが、税務当局と「対立団体」に変化することもあり得ることを示唆している。

このような微妙な問題はともかくとして、弁護士は、刑事事件であれば、「盗人にも三分の理」があるといわれるごとく、それを四分にも、五分にも膨らませることを職務とするから、税務についても常に納税者の観点から職務を遂行することに務めることになる。そうなると、弁護士の多くが税理士業務に参入することによって、プロパーの税理士自体も「法律家」として一層脱皮する必要があることだけは確かである。そのためには、すでに指摘してきたように、税理士試験自体から、「計算と暗記」主体の試験制度から、リーガルマインドが身に付く試験制度に変更する必要があり、そのための関係者の自覚が必要とされている。そうなれば、弁護士の税理士業務参入の効果が一層高まることになる。もっとも、この問題は、税理士法1条にいう「公正な立場」等にも関わることである。

71　公平・中立・簡素

毎年、大々的に税制改正が行われるのは、財政が単年度会計によっていることにゆえんしているものと考えられる。その税制改正において、常にスローガンとなっているのが、「公平・中立・簡素」である。「公平」は、租税制度の根幹であり、巷でも、「重きを憂えず、等しからざるを憂う」と言われる。

しかし、何が「公平」かと言うと、それ自体が多様な概念を有している。そして、今年度の税制改正で話題となった「1億円の壁」と言われるように、各種の租税政策の下で、超高額所得者に対する所得税の実効税率が低下していることが指摘されている。また、「中立」については、本来、各種の経済取引が税負担如何によって左右されるべきでない（中立である）ことを意味するものであろうが、これも、各種の租税政策の中で形骸化している。このような「公平」及び「中立」は、税制だけの問題ではなく、その執行段階においても大きな問題を提起することになる。

もっとも、実務上最も問題となるのが、「簡素」である。それが、税制改正や税法の執行段階で実現しているのかが問題である。しかし、この「簡素」が、税制改正や税法の執行段階でも最も軽視されているが、それほど批判の対象にならないのも不思議とも言える。

私は、本書のサブ・タイトルにもあるように、60余年にわたって税法に接してきたが、その間、税法・通達の分量が十数倍に膨らんでいることに憤慨している。昭和40年に所得税法と法人税法が全文改正され、法人税法が、無駄のない体系的な最も美しい税法であると言われた。そして、「9」(「馬鹿は何でも書きたがる!」)で紹介したように、昭和44年発遣の「法人税基本通達」の制定作業においても、無駄のない体系的な通達作りが行われた。

そのため、筑波大学大学院でも、当初は、1年間30回の法人税法の講義において、テキストを使用せず、条文と通達を引用するだけで済ますことができた(もっとも、学生は、大半がベテランの税理士等であったが、条文を読むことに慣れていないため、戸惑っていたようではあるが……)。

ところが、筑波大学の後半に入って、組織再編税制や連結納税制度などが導入されると、条文の量が膨大となり、複雑化したため、当初の講義スタイルが成り立たなくなった。そして、今では、法人税法が、最も膨大でグロテスクな税法と言われるようになっている。

このように、法人税法一つとっても、税法が膨大・複雑化しているのは経済構造の複雑化など相応の理由があることは理解し得る。しかし、それ以外にも、税法・通達を増大・複雑化していることに二つの原因がある。一つは、それらの制度方針が、「書かなければ分からない」に代わったようであり、実質的にみて重複規定が目立つようになった。例えば、法人税法22条と22条の2、同法22条2項と61条の2等、あるいは法人税基本通達4－1－5・6と9－1－13・14等において同じようなことが書かれている。

もう一つは、「68」で述べたように、我が国では租税回避に対する一般的否認規定が否定されているため、問題が生じるたびに個別的否認規定を設けざるを得なくなっていることである。しかし、このような個別的否認規定も、税法を複雑にするだけで、タックス・プランナーにはあまりに効き目のないことはすでに述べたとおりである。

ともあれ、税法・通達の膨大・複雑化は、租税法律主義上の課税要件明確主義を空文化することになり、予測可能性や法的安定性をも害することになる。そして、税務職員、税理士等は、大量化した法規集を持たず、安直なネットで済まそうとするから、ますます条文離れが進むことになる。

さすれば、どうすれば良いか？　それには、根本的な見直しが必要であると考えられるが、例えば、法人税法については、「法人税法」と「グループ法人税法」に区分すれば、前者のみを必要とする者は相当に楽になるはずである。ともあれ、関係者は、現状にもっと危機感を持つべきである。

72 「正論」の行方

今年4月で税歴61年が過ぎた。この間の経験を踏まえて、税金とは何か、税金はどう執行されるべきか、税法はどのように解釈すべきか、税制はどうあるべきかの一端を述べてきた。もとより、税金の存在は、「国」の存立とその在り方の議論なくして語れないものである。また、税金のあり方は、それを論じる人の国家観、価値観等によって異なるものであるから、税制のあり方や税法の解釈についても賛否両論が生じることになる。そのため、私自身の価値観、国家観、人生観等がどのように形成されてきたかを明らかにするために、経歴の一端も述べてきた。その中で、私自身、戦後教育の中で国家を軽視ないし、否定しがちな教育を受けてきた身ではあるが、先の大戦後の満州からの引き揚げの中では、国家の保護を失った国民が極めて惨めな思いをするのを体験しているので、国家の重要性を身をもって実感している。その点では、人生の大半を国家公務員として過ごし、かつ、国家の存立に最も重要な税金の仕事に携われたのは幸いなことでもあった。

　そして、国税庁退職後は、筑波大学及び早稲田大学で約20年間、税法・税制について指導・研究に専心できるという立場にも恵まれた。その後、野村證券株式会社関連の野村資産承継研究所及び税理士法人大手町トラストで専ら納税者（顧客）の立場に立って、有利な税法の解釈のあり方、各種の経済取引の中で税コストの合法的な（当局から否認されない）軽減方法を研究し、もし、その解釈方法や軽減方法が課税当局から否認された場合にはその対処方法等も研究し、実践してきた。それらの点では、私自身、税金を「取る側」、「取られる側」そして、「研究・指導する側」の全てを経験したことになる。

　本書では、これらの経験を踏まえて、それぞれの職場の中で、正しいと思って実践してきたこと、そして、日々生じている税務問題について、正しいと思っていることを「正論」と称して論じてきた。もっとも、本書の初回でも述べたように、「正論」と思っていたことも、他人から見たら否定されることもあろうし、自身の国家観、価値観等の変化により「正論」と思えなくなることもあるかもしれない。

かといって、現在、「正論」と考えていることは、現時点では、「正しい」はずであるから、憚ることでもないと考えている。

かくして、最終回に当たり、今まで述べてきた「正論」の行方を眺めることとしたい。もっとも、過去の事実の下で正しいと思ったことや実践してきたことは、今後の参考になるにしても、新しく生じるテーマにそぐわなくなることも考えられる。また、本書では、現在進行中のテーマについても、いくつか拾い上げて論じてきたし、拾えなかった重要なテーマもあるが、それらの行末も気に掛かるところである。

その中で、マクロ的には、国家と税制のあり方である。現下のウクライナ戦争を契機に国防費の増加が必須となっているが、政府はいち早くそれを増税で賄うことを提案している。しかし、これは、増税を忌避する国民の意識を利用して国防費の増加を抑え込もうとする財務省の差し金であるという説もある。このように、税制のあり方自体が国家の存在のあり方をも左右することになりかねなくなる（主客転倒になる）ので、関連税制のあり方にはそれらを見据えた議論が必要になってくる。このようなことは、種々の税制のあり方を議論する中で生じることである。

ミクロ的には、すでに述べてきたように、租税法律主義の下で理念的には合法性の原則に基づいた税務執行が行われることになっているが、実務では、「合法」とは何かをめぐって、納税者と税務官庁との間で必然的に対立が生じる。この対立は、納税者側が租税法に精通し種々の経済取引等の中で税コストの最小化を試みようとするから、今後、さらに激しくなる可能性がある、という厄介な問題である。この問題は、最終的には法廷で裁かれるにしても、その裁き方も絶対的に正しいわけではない。

ともあれ、租税をめぐる難題は山積しており、それを解決するための「正論」も二転三転することがあり得るであろう。

あとがき

この1年半ほど、時間ができれば、「傍流の正論」を書き続けてきた。そして、いままでの経験の中で、「税金」について考えてきたことを一通り取りまとめることができたので72回をもって締めることにした。ありがたいことに、大蔵財務協会から単行本として出版する旨のお話をいただいたので、第1回から改めて読み直し、補整すべきところは正すように努めてみた。

この60余年、文字通り「税金漬け」の人生であった。それも、「取る側」・「取られる側」・「研究する側」の全ての立場を経験し、それぞれの立場で「正しい（正論）」とは何かを考え、それを実践してきてみた。そのため、「税金」には強い愛着があり、「税金」がドラマ化されることは滅多にないと言われるが、時々、テレビに流れる「影の査察官」を主人公にしたドラマに、フィクションとは知りながら見入っている。

もっとも、「税金」については、それが国民に多大な負担を課すものであるから、それぞれの立場から種々の見解もあることは十分承知しているつもりである。そのため、私が「正論」と考えてきたことも、多くの反論があるものと考えている。その反論には、これからも謙虚に耳を傾けていきたいと考えている。そして、私自身の人生にもう少し時間を与えていただけるのであれば、その時間を大切にして、これからも、「正論」を考え、それを公表できる機会があることを願っている。

最後に、改めて60年余年を振り返り、それぞれの職場等でお世話になった皆さま方、このたび、本書に目を通していただいた皆さま方、そして、本書の出版にご尽力いただいた大蔵財務協会の担当の方に心から感謝を申し上げ、ペンを置くことにする。

著者履歴

一、学　歴

昭和三六年　新潟県立柏崎農業高等学校小国分校卒業（定時制）
昭和四三年　慶応義塾大学経済学部卒業（通信制）

二、職　歴

昭和三六年　農林省新潟食料事務所
昭和三七年　税務講習所東京支所（普通科）
昭和三八年　東京国税局銚子税務署総務課
昭和四〇年　税務大学校研究科
昭和四一年　国税庁直税部審理課
昭和四三年　関東信越国税局調査査察部調査課（国税調査官）

昭和四六年　大蔵省国際金融局総務課渉外係長
昭和四八年　税務大学校租税理論研究室助教授
昭和四九年　広島国税局三次税務署長
昭和五〇年　東京国税不服審判所副審判官
昭和五一年　大蔵省大臣官房調査企画課外国調査室課長補佐
昭和五三年　法務省訟務局租税訟務課課長補佐
昭和五五年　国税庁直税部審理課課長補佐
昭和五七年　金沢国税局調査査察部長
昭和五九年　東京地方裁判所刑事部調査官
昭和六一年　税務大学校教育第二部長
昭和六三年　国税庁直税部資産評価企画官
平成三年　国税庁徴収部徴収課長
平成四年　国税庁徴収部管理課長

平成六年　高松国税局長
平成七年　筑波大学大学院企業法学専攻教授
平成一七年　筑波大学名誉教授
平成一七年　早稲田大学大学院会計研究科教授
平成二四年　早稲田大学大学院非常勤講師
平成二七年　株式会社野村資産承継研究所理事長
平成二八年　税理士法人大手町トラスト代表社員（右理事長と兼務）
令和五年　品川法律事務所（弁護士・税理士）

三、国家試験・資格

昭和三五年　国家公務員初級試験（農業技術）合格
昭和三六年　国家公務員初級試験（税務）合格
昭和三八年　国家公務員中級試験（経済）合格

昭和三九年　国家公務員上級試験甲（経済）合格
昭和四〇年　司法試験第一次試験合格
昭和四〇年　税理士試験簿記論合格
昭和四一年　税理士試験財務諸表論合格
昭和四二年　公認会計士第二次試験合格
昭和四五年　宅地建物取引主任者試験合格
昭和四五年　不動産鑑定士第二次試験合格
昭和四六年　公認会計士第三次試験合格
昭和四九年　税理士資格取得
平成一七年　弁護士資格取得・同登録

大蔵財務協会は、財務・税務行政の改良、発達およびこれらに関する知識の啓蒙普及を目的とする公益法人として、昭和十一年に発足しました。爾来、ひろく読者の皆様からのご支持をいただいて、出版事業の充実に努めてきたところであります。

今日、国の財政や税務行政は、私たちの日々のくらしと密接に関連しており、そのため多種多様な施策の情報をできる限り速く、広く、正確にかつ分かり易く国民の皆様にお伝えすることの必要性、重要性はますます大きくなっております。

このような状況のもとで、当協会は現在、「税のしるべ」(週刊)、「国税速報」(週刊)の定期刊行物をはじめ、各種書籍の刊行を通じて、財政や税務行政についての情報の伝達と知識の普及につとめております。また、日本の将来を担う児童・生徒を対象とした租税教育活動にも、力を注いでいるところであります。

今後とも、国民・納税者の方々のニーズを的確に把握し、より質の高い情報を提供するとともに、各種の活動を通じてその使命を果たしてまいりたいと考えておりますので、ご叱正・ご指導を賜りますよう、宜しくお願い申し上げます。

一般財団法人　大蔵財務協会
理事長　木　村　幸　俊

傍流の正論
税歴60年の教え

令和５年９月６日　初版印刷
令和５年９月20日　初版発行

著　者　品　川　芳　宣

(一財) 大蔵財務協会　理事長
発行者　木　村　幸　俊

発行所　一般財団法人　大蔵財務協会
〔郵便番号　130-8585〕
東京都墨田区東駒形1丁目14番1号
(販　売　部) TEL03(3829)4141・FAX03(3829)4001
(出版編集部) TEL03(3829)4142・FAX03(3829)4005
https://www.zaikyo.or.jp

乱丁・落丁はお取替えいたします。
印刷　恵友社
ISBN978-4-7547-3143-4